福建省社会科学普及出版资助项目
（2020年度）
编委会

....

福建省社会科学普及出版资助项目说明

福建省社会科学普及出版资助项目由福建省社会科学界联合会策划组织和资助出版，是面向社会公开征集出版的大型社会科学普及读物，旨在充分调动社会各界参与社会科学普及的积极性、创造性，推动社会科学普及社会化、大众化，为社会提供更多更好的社会科学普及优秀作品。

高质量发展的福建探索

杜朝运 张永辉 编著

海峡出版发行集团 | 海峡文艺出版社

图书在版编目(CIP)数据

高质量发展的福建探索/杜朝运,张永辉编著.
—福州:海峡文艺出版社,2023.8
ISBN 978-7-5550-3110-9

Ⅰ.①高… Ⅱ.①杜…②张… Ⅲ.①区域经济发展－研究－福建 Ⅳ.①F127.57

中国国家版本馆 CIP 数据核字(2023)第 125989 号

高质量发展的福建探索

杜朝运　张永辉　编著

出 版 人　林　滨
责任编辑　谢　曦
编辑助理　吴飔茉
出版发行　海峡文艺出版社
经　　销　福建新华发行(集团)有限责任公司
社　　址　福州市东水路 76 号 14 层
发 行 部　0591－87536797
印　　刷　福州凯达印务有限公司
地　　址　福州市金山红江路 2 号浦上工业园 B 区 47 号楼
开　　本　700 毫米×1000 毫米　1/16
字　　数　120 千字
印　　张　9.5
版　　次　2023 年 8 月第 1 版
印　　次　2023 年 8 月第 1 次印刷
书　　号　ISBN 978-7-5550-3110-9
定　　价　25.00 元

如发现印装质量问题,请寄承印厂调换

目　录

上编："学"高质量发展

高质量发展是一种全新的发展理念，2020 年 10 月，党的十九届五中全会提出，"我国已转向高质量发展阶段。"2022 年 10 月，党的二十大报告明确，"高质量发展是全面建设社会主义现代化国家的首要任务。"那么，如何全面认识高质量发展呢？习近平总书记2017 年 12 月 18 日在中央经济工作会议上指出："高质量发展，就是能够很好满足人民日益增长的美好生活需要的发展，是体现新发展理念的发展，是创新成为第一动力、协调成为内生特点、绿色成为普遍形态、开放成为必由之路、共享成为根本目的的发展。"因此，"学"高质量发展，可以从创新、协调、绿色、开放、共享五个方面来把握。这是本书上编 5 节的内容。

创新：高质量发展的核心动力

要注重创新驱动发展，紧紧扭住创新这个牛鼻子，强化创新体系和创新能力建设，推动科技创新和经济社会发展深度融合，塑造更多依靠创新驱动、更多发挥先发优势的引领型发展。

——2018 年 4 月 28 日，习近平总书记在湖北考察时的讲话

★主题解读

下好创新这步"先手棋"

党的二十大报告指出，要"坚持创新在我国现代化建设全局中的核心地位。"科技创新与制度创新、管理创新、商业模式创新、业态创新和文化创新相结合，推动发展方式向依靠持续的知识积累、技术进步和劳动力素质提升转变，促进经济向形态更高级、分工更精细、结构更合理的阶段演进。必须坚定实施创新驱动发展战略，强化创新在发展全局的战略地位和作用，依靠创新活动推动经济发展和竞争力提高。

创新驱动是国家命运所系。国家力量的核心支撑是科技创新能力。创新强则国运昌，创新弱则国运殆。我国近代落后的重要原因是与历次科技革命失之交臂，导致科技弱、国力弱。实现中华民族伟大复兴的中国梦，必须真正用好科学技术这个最高意义上的革命力量和有力杠杆。

创新驱动是世界大势所趋。全球新一轮科技革命、产业变革和军事变革加速演进，科学探索从微观到宏观各个尺度上向纵深拓展，以智能、绿色、泛在为特征的群体性技术革命将引发国际产业分工重大调整，颠覆性技术不断涌现，正在重塑世界竞争格局、改变国家力量对比，创新驱动成为许多国家谋求竞争优势的核心战略。我国既面临赶超跨越的难得历史机遇，也面临差距拉大的严峻挑战。唯有勇立世界科技创新潮头，才能赢得发展主动权，为人类文明进步作出更大贡献。

创新驱动是发展形势所迫。我国经济发展进入新常态，传统发展动力不断减弱，粗放型增长方式难以为继。必须依靠创新驱动打造发展新引擎，培育新的经济增长点，才能在量的扩张中提升质量、在提升质量中做大总量，推动综合实力和竞争力再上一个新的台阶，实现高质量发展与总量赶超的有机统一。

近年来，我国大力实施创新驱动发展战略，科技投入持续增加，新技术、新产品、新业态不断取得突破，新动能快速成长。

新技术革命激发新动能。我国在生命科学、绿色能源开发、农业生产、信息技术等许多领域的关键环节和核心技术上取得了重大突破，有的已经达到世界领先水平。比如，我国成功研制出"海水稻"和"沙漠水稻"。全球首个体细胞克隆猴在中国培育成功。我国风电装机容量占全球的34.1%，光伏发电装机容量占全球的36.5%。我国也是全世界唯一拥有100万伏特高压输电线路的国家。我国自2013年起成为世界第二大研发经费投入国，研发人员总量、发明专利申请量连续多年居世界首位。2021年，我国研究与试验发展（R&D）经费投入达27956亿元，按现价计算比2012年增长1.7倍，年均增长11.7%，投入规模仅次于美国，稳居世界第二位。研发投入强度稳步提高。2021年，我国R&D经费投入与GDP之比达到2.44%，比2012年明显提升，接近OECD国家平均水平。根据世界知识产权组织发布的《2022年全球创新指数报告》，我国创新指数位居世界第11位，比2013年提升了24位，连续10年均在稳步提升。创新能力的提升有利于我们在新一轮科技革命中抢占先机。

新产业新业态新模式激发新动能。2021年我国新产业、新业态、新商业模式等"三新"经济增加值为197270亿元，比2020年增长了16.6%，相当于国内生产总值GDP的比重为17.25%，比2020年提高0.17个百分点。分三次产业看，"三新"经济中，第一产业增加值为7912亿元，比上年增长6.6%，占比为4.0%；第二产业增加值为87499亿元，比上年增长19.1%，占比为44.4%；第三产业增加值为101859亿元，比上年增长15.3%，占比为51.6%。新产业新业态新模式"井喷"的背后是新动能的加快成长。在旧动能衰退的情况下我国没有发生经济失速，在很大程度上得益于新动能的快速成长。既更好地满足了人民日益增长的美好生活需要，也为经济长期发展注入了强大内生动力。

简政放权激发新动能。党的十八大以来，"放管服"改革不断向纵深推进，商事制度改革、"证照分离"改革、工程建设项目审批制度改革全面深入，清理优化获得电力、财产登记、专利申请、纳税、跨境贸易等领域审批环节。目前全国已基本实现企业开办4个工作日内、不动产抵押登记5个工作日内、工程建设项目施工许可120个工作日内完成，各项指标事项的办理环节、费用均大幅缩减，有力推动了大众创业万众创新，新兴部门特别是创新型小微企业大量涌现。截至2022年8月底，登记在册市场主体达1.63亿户，相比2012年底的5500万户，净增超1亿户，年平均增幅12%。其中，企业从1300多万户增加至5100多万户，接近美国和欧盟企业数量之和。千人企业数由11.4户提升至36.1户。个体工商户从4060万户增加至1.09亿户，迈上历史新台阶。农民专业合作社由原来的不足70万户增长至222.5万户，增长了2倍多。市场主体大量增加，创新创业创造潜力不断释放，反映了市场环境的不断改善，也体现了人们对经济发展信心的不断增强。源源不断释放出的经济增长动能，正在推动中国经济行稳致远。

★经验借鉴

高质量建设创新型省份的江苏经验

江苏是全国首个创新型省份建设试点省，肩负着为全国探路的职责使命。近年来，江苏创新型省份建设取得明显成效。2021年，江苏全社会研发投入超3400亿元，占地区生产总值比重达2.95%，接近创新型国家和地区中等水平。从创新产出来看，江苏省每万人发明专利拥有量达 41 件，是全国平均水平的 2 倍。全国 15.1% 的领跑技术分布在江苏，1/5 的高技术产品出口来自"江苏制造"。从创新贡献来看，科技进步贡献率达 66.1%，高新技术产业产值占规模以上工业产值比重达 47.5%。江苏区域创新能力连续多年位居全国前列，已经成为我国创新资源最密集、创新活动最活跃、创新成果最丰硕、创新氛围最浓厚的地区之一。江苏不断提高创新型省份建设水平的经验在于牢固树立"企业是主体，产业是方向，人才是支撑，环境是保障"的工作理念，并加大工作推进和改革突破力度，切实把创新抓出成效。

一、突出企业是主体，进一步增强企业创新能力

习近平总书记深刻指出，"创新是企业核心竞争力的源泉。"江苏深入实施创新型企业培育行动计划和科技企业"小升高"计划，加快完善企业为主体、市场为导向、产学研深度融合的技术创新体系。着力将创新资源引入到企业，全省企业研究生工作站、企业博士后工作站、企业院士工作站等超过 3000 个；着力将研发机构建设到企业，全省大中型工业企业和规上高新技术企业研发机构建有率保持在 90% 左右。着力将科技服务覆盖到企业，2020 年全省科技服务业总收入超过万亿元。着力将创新政策落实到企业，企业科技税收减免额 2020 年超过 800 亿元。目前，全省科技型中小企业评价入库企业超过 7.2 万家，成为全国首个突破 7 万家的地区。

二、突出产业是方向，进一步提升产业科技创新水平

习近平总书记强调，"关键核心技术是要不来、买不来、讨不来的"，所以我们要把科技创新真正落到产业发展上。江苏聚焦 13 个先进制造业集群，围绕产业链部署创新链，加快构建自主可控的现代产业体系。"十三五"以来，组织产业前瞻与共性关键技术研发项目 521 项，承担国家各类科技项目 17000 多项；组织实施 435 项重大成果转化项目，形成一批高附加值核心单元、关键材料、重大整机等标志性产品。目前，全国超过 1/5 的高技术产品出口来自"江苏制造"，15.1% 的全球领跑技术分布在江苏。在科技创新的牵引带动下，江苏纳米产业成为国际微纳领域八大产业创新中心之一，物联网产值率先突破千亿元大关，光伏产值占全国一半左右、全球 20% 以上。

三、突出人才是支撑，进一步壮大科技人才队伍

习近平总书记作出了"人才是第一资源"的重要论断，强调"牢固确立人才引领发展的战略地位，全面聚集人才，着力夯实创新发展人才基础。"江苏坚持把打造人才高地作为战略支撑，形成了引进高层次人才、创办高科技企业、发展高技术产业的链式效应，努力以科技人才优势构筑创新发展优势。加大青年人才培养力度，"十三五"以来，重点资助 4400 多名优秀青年骨干开展基础研究。加大创业载体建设力度，省级以上创业孵化载体超过 1600 家，其中国家级孵化器数量、面积及在孵企业数连续多年保持全国第一，全省创业投资管理资金规模超过 2300 亿元。加大产学研结合力度，率先组织开展"科技镇长团""科技副总""产业教授"选派工作，带动 8 万多名专家常年活跃在创新一线。

四、突出环境是保障，进一步营造良好创新创业生态

习近平总书记强调指出，"要营造有利于大众创业、市场主体创新的政策环境和制度环境""让创新在全社会蔚然成风"。江苏坚持统筹布局、分类指导，积极构建竞争力强的创新创业生态系统。发挥省产业技术研究院改革"试验田"作用，培育建设 49 家专业研究

所，集聚近 1000 名海外高层次人才，成功转化 3500 多项科技成果，衍生孵化 750 多家科技型企业，被中财办列为典型案例。发挥政策激励作用，先后出台"科技创新 40 条""科技改革 30 条"，最大限度激发创新创业创造活力。发挥区域创新示范作用，集群化"创新矩阵"实力彰显。2021 年，高新区以占全省 5.3% 的土地面积，创造了全省 49.3% 的高新技术产业产值，集聚了全省 46.6% 的省级以上人才计划高层次人才和 47% 的高新技术企业，成为最具竞争力的创新高地、人才高地和产业高地。

★福建案例

安踏的品牌打造

随着中国经济的强大，国人的自信心明显增强，国人对于民族品牌的关注度从 38% 增长到 70%，高颜值、高性价比的国货越来越得到大家认可。安踏紧紧抓住这一波热潮，推出一系列具有科技感又能提体现中国文化的产品。

安踏是定位为"以科技创新引领的极致性价比"的专业运动品牌。近年来，安踏陆续推出闪能科技、氢科技、细胞元科技、环保科技、飞织科技等鞋底及面料科技，每年创新研发投入占销售成本的 5% 以上，创新商品贡献率超过 40%。

以氢科技 2.0 为例，在极致轻量的基础上，平衡极致轻量与运动表现，在性能升级的同时，依然保持着 125 克（女款 37.5 码）的极致轻量。此外，安踏全新推出经过认证的世界最轻运动风衣不足 30 克。两款产品都是基于对消费者和跑者的洞察，了解其对于缓震、回弹和轻量等诉求后，经过反复测试后研发而成的。

作为一个专业体育品牌，安踏持续赞助中国奥委会和北京 2022

年冬奥会，进一步盘活体育资产所产生的市场营销势能，带动了销售增长。一方面安踏为国家队装备投入科技研发，使自主研发科技达到国际一流水平，同时将专业级运动科技转化应用于大众化产品。比如安踏推出的"China Hero"系列以及冬奥故宫联名款。

将中国文化和前沿科技相融合，设计出兼具运动美感和文化内涵的领奖服，是安踏在创新上永不止步的追求——2010年温哥华冬奥会，"中国结"的元素令人耳目一新；2012年伦敦奥运会"冠军龙服"概念深入人心，采用全新的"亲水型无孔PU涂层膜"让服装的防水透气性能极大提升；2016年里约奥运会，设计师马玛莎以"杜邦"生物科技可再生能源的聚酯纤维环保材料制成"冠军龙服"；2018年平昌冬奥会，中国代表团在开、闭幕式身着简洁清新的洁白羽绒服惊艳亮相，这款中国奥运代表团队服瞬间成为爆款。

2021年双十一购物节中，安踏集团电商累计成交额超46.5亿元，同比增长61%。在天猫平台运动鞋服类目中，安踏集团旗下品牌总成交份额占比超过了22%。集团"单聚焦、多品牌、全渠道"战略优势进一步凸显，各品牌数字化转型成果突出，各品牌在传统及新兴社交电商平台上同时发力，实现了突破性增长。"战报"的背后，是科技加持和多品牌战略。安踏打造全行业唯一的国家级运动科学实验室和"脚型"数据库，全球设计中心遍及美日韩，每年的研发投入超过6亿元，请来18个国家的上百名设计研发专家，完成了从"土味品牌"到"运动潮牌"的华丽转身，成为全球化运营的运动鞋服龙头公司。

协调：高质量发展的内生要求

协调发展，就要找出短板，在补齐短板上多用力，通过补齐短板挖掘发展潜力、增强发展后劲。

——2016年1月18日，习近平总书记在省部级主要领导干部学习贯彻党的十八届五中全会精神专题研讨班上的讲话

★主题解读

协调发展的内涵与价值

从语义上讲，"协调"即"配合得当"，具有和谐、统筹、均衡等富有理想色彩的哲学含义，即尊重客观规律，强调事物间的联系，坚持对立统一，取中止立场，避免忽左忽右两个极端的理想状态。从语用上讲，"协调"一是指事物间关系的理想状态；二是指实现这种理想状态的过程。经济学中，"协调"既可以视为在各种经济力共同作用下，经济系统的均衡状态，也可以视为经济系统在各种经济力的共同作用下，趋向均衡的过程。管理学中，协调主要指实现管理目标的手段和过程，强调的是对各种管理要素的综合考虑。系统科学中，协调是为实现系统总体演进的目标，两种或两种以上相互关联的系统或系统要素之间相互协作、配合得当、互为促进的一种良性循环态势及其控制过程。

协调的思想古已有之，我们党在长期实践中，也形成了许多关于协调发展的理念和战略。例如毛泽东同志就说过，"弹钢琴要十个指头都动作，不能有的动，有的不动。但是，十个指头同时都按下去，那也不成调子。要产生好的音乐，十个指头的动作要有节奏，要互相配合。党委要抓紧中心工作，又要围绕中心工作而同时开展其他方面的工作。我们现在管的方面很多，各地、各军、各部门的工作，都要照顾到，不能只注意一部分问题而把别的丢掉。凡是有问题的地方都要点一下，这个方法我们一定要学会。钢琴有人弹得好，有人弹得不好，这两种人弹出来的调子差别很大。党委的同志

必须学会'弹钢琴'。"

1956年，毛泽东作了《论十大关系》的讲话，这是中国共产党比较系统地探索中国社会主义建设道路的开始。《论十大关系》前五条分别讲重工业和轻工业、农业的关系，沿海工业和内地工业的关系，经济建设和国防建设的关系，国家、生产单位和生产者个人的关系，中央和地方的关系；后五条分别讲汉族与少数民族的关系，党和非党的关系，革命和反革命的关系，是非关系，中国和外国的关系。《论十大关系》贯穿着协调发展的理念和方法。比如，在论述沿海和内地工业的关系时，为了实现两者的均衡协调，一方面必须大力发展内地工业，另一方面又强调要很好地利用沿海工业的基础；在论述重工业、轻工业、农业的关系时，一方面指出我国的经济建设要以重工业为中心，另一方面在发展重工业发展同时又必须更多地发展农业和轻工业，后来这一观点发展为毛泽东一贯强调的"工业与农业同时并举"的思想；在论述国家、生产单位和生产者个人的关系时，毛泽东提出不能只顾一头，必须兼顾国家、集体和个人三个方面。

我国经济发展中，明确提出"协调"的概念是在20世纪70年代末80年代初，七届全国人大四次会议的政府工作报告将"协调（发展）"定义为"按比例（发展）"，中国共产党第十六次代表大会则把"协调"作为"科学发展观"的内核，强调"五个统筹"，即统筹城乡发展、统筹区域发展、统筹经济社会发展、统筹人与自然和谐发展、统筹国内发展和对外开放。

新形势下，协调发展具有一些新特点。比如，协调既是发展手段又是发展目标，同时还是评价发展的标准和尺度。再比如，协调是发展两点论和重点论的统一，一个国家、一个地区乃至一个行业在其特定发展时期既有发展优势，也存在制约因素，在发展思路上既要着力破解难题、补齐短板，又要考虑巩固和厚植原有优势，两方面相辅相成、相得益彰，才能实现高水平发展。又比如，协调是发展平衡和不平衡的统一，由平衡到不平衡再到新的平衡是事物发展的基本规律。平衡是相对的，不平衡是绝对的。强调协调发展不是搞平均主义，而是更注重发展机会公平、更注重资源配置均衡。还比如，协调是发展短板和潜力的统一，我国正处于由中等收入国家向高收入国家迈进的阶段，国际经验表明，这个阶段是各种矛盾集中爆发的时期，发展不协调、存在诸多短板也是难免的。协调发展，就要找出短板，在补齐短板上多用力，通过补齐短板挖掘发展潜力、增强发展后劲。

习近平总书记强调，"我们要学会运用辩证法，善于'弹钢琴'，处理好局部和全局、当前和长远、重点和非重点的关系，着力推动区域协调发展、城乡协调发展、物质文明和精神文明协调发展，推动经济建设和国防建设融合发展。"

具体地说：在城乡协调上，要在坚持工业反哺农业、城市支持农村、健全城乡发展一体化体制机制下，统筹推进城乡要素平等交换、合理配置和基本公共服务均等化，形成城乡良性互动、协调发展的良好局面，当前尤其要推进以人为核心的新型城镇化，坚持新型工业化、信息化、城镇化、农业现代化同步推进，实现城乡一体化发展。

在区域协调上，要塑造要素有序自由流动、主体功能约束有效、基本公共服务均等、资源环境可承载的区域协调发展新格局，并开启"一带一路"、京津冀协同发展、上海自由贸易试验区、长江经济带等区域战略建构。这些建构点线面相结合，国内外相联动，海陆空相兼顾，旨在打破行政区划的限制，实现区域经济按照市场规律自由流动和优化组合。

在物质文明和精神文明的协调发展上，实现"中国梦"既要实现物质财富的极大丰富，也要实现精神财富的极大丰富，只有物质文明建设和精神文明建设都搞好，才能把中国特色社会主义事业顺利向前推进。

在经济建设和国防建设的深度融合发展上，要推进基础建设和重要领域军民深度融合，使两者协调发展、兼容发展、融合发展，努力形成全要素、多领域、高效益的军民融合深度发展格局。

从协调发展理念在"五大发展理念"中的地位和相互关系来看，协调发展理念既是"五大发展理念"之一，又渗透在其他理念之中，协调发展理念与创新、开放、绿色、共享理念相互包容，相互联系，相互作用，有机统一。

具体地说：创新解决的是发展的动力问题，是主动适应经济新常态的重大举措，"创新是引领发展的第一动力"。创新驱动发展战略的实施，既要强化市场对技术研发方向、路线选择和各类创新资源配置的导向作用，强化企业引领创新的主导地位，同时又离不开政府在人才、金融、科研管理等方面体制机制上的创新和引导，只有两者协调配合好，才能推动创新驱动发展战略的良性发展。

绿色发展理念论及的是人与自然的协调问题。如何实现两者协调？这就是既要促进经济发展，也要推动环境保护，做到生态环境保护和经济发展统筹兼顾、协调推进。

开放是实现有序的前提和条件，主要解决的是社会发展内外联动问题。开放是在协调中的开放，没有协调，也就无法真正做到开放。坚持开放理念就是既要充分运用我国资源、市场、制度等优势，又要重视国内国际经济联动效应，积极应对外部环境变化，坚持引进来和走出去并重、内外需协调、进出口平衡，推动形成互利共赢、国内与国际共同发展的新格局。

共享是协调发展的出发点和落脚点，是协调发展的终极价值取向。实现共享发展，必然内在要求实现人与自然、人与社会、人与人的相互协调，必然内在要求五位一体的相互促进，相互推动，必然内在要求人与人之间利益的协调兼顾，必然内在要求国内与国际市场的统筹联动。在这个意义上说，共享是协调发展的必然结果，没有社会的协调发展，共享发展就成为一句空话。

★ 经验借鉴

区域协调发展的国际经验

一、美国的发展经验

美国的国土面积约为 937 万平方公里，幅员辽阔，地理地貌、自然气候差异明显。早期的资本主义登陆北美大陆是在大西洋一侧，也就是美国的东海岸，主要是在波士顿、纽约一带。美国的东北部由于先天的优势，经济发展起步早，发展水平比较高，至今仍是美国经济的中心地。而广大的西部地区，在美国的建国初期，实际上是一片荒漠地区。美国中部的沙漠和严重的交通闭塞，使得这一时期美国东部和西部之间的联系非常少，东、西的发展差距也就越来越大。19 世纪下半叶，美国南北战争爆发，最后以代表新兴资产阶级的北方获胜而告终，此时的美国，北方无论是政治上还是经济上都优于南部地区。至此，总体上美国的经济重心位于经济发达的东北部和五大湖区，地域广大的西部和南部地区处于落后地位。为了缓解地区之间的发展不平衡，美国政府开始实施区域发展政策，大力开发后进地区。这些政策措施主要有：

1. 建立直属于总统府的中央联邦开发机构，协调中央与州之间的关系。联邦政府制定政策，建立中央机构，提高政策的执行行政级别，统一协调各州之间的政策实施。制定多种财政补贴和法案，提供最大范围和深度的政策支持，提供完善落后地区的公共服务体系，逐步缩小在基本公共服务上落后地区与发达地区的差距。此外，通过立法的形式，确保中央开发机构的行政地位，确保落后地区享受优惠政策的法律地位，在法律层面给予国家宏观政策的地位。保证政策的连续性和稳定性，使落后地区能够获得持续的支持。

2. 通过税制差别和转移支付制度，支持后进地区的发展。通过财税制度，对不同地区实行不同的税制。对北部发达地区多征税，把增量部分通过转移支付制度转给落后的地区；对落后地区，则是少征税，更多地将税收留在落后地区。通过税收制度"四两拨千斤"的作用，培育落后地区的自我造血能力和良性循环发展机制。随着落后地区经济的不断发展，这一总体趋势到20世纪90年代才有所调整，减小了南北税负差异。除了税收制度，联邦政府还通过大量的转移支付对后进地区予以支持。在第二次世界大战中，美国政府通过大量的军事拨款和军事项目的建设，支持西部沿海一带制造业的发展。到目前为止，美国很多的尖端军事装备制造业、军事基地、航空航天中心等大多位于西部地区和南部地区。

3. 建立国家级的经济开发区。在国家层面，有计划地划定功能清晰的经济开发区，打破地方行政垄断和地方保护主义，消除了各地方之间的隔阂，实现跨行政区域开发工作的协调进行。

4. 对基础设施和公共设施的大力投资。通过修建铁路和覆盖全国的公路网，使发达地区和落后地区的交流更加频繁和便捷。随着航空客运的大力发展，东部和西部地区在地理上的距离被进一步缩小。要素的便捷流动，人才的大规模交流，很好地促进了西部地区的跨越式发展。在基础设施建设方面特别值得一提的是，美国政府很重视信息网络建设，使各地区均能享受全国乃至全球的经济、科技等信息，为一些落后地区和老工业基地及时掌握市场、科技信息、发展高新技术产业而后来居上创造了条件。

二、德国的经验

德国原本并不存在特别大的地区间经济发展水平的差异。但在经历了两次世界大战之后，德国已经是一片废墟，在经过战后最初几年的恢复之后，原有的比较均衡的发展水平和经济结构被打破，主要形成了北部老工业区、东部边境区、中部农村地区等落后地区。为了缓解地区之间的差异，德国政府开始着手制定区域政策。德国的区域政策发展和政策目标变化主要经历了四个阶段：1951—1958年消除战争损失与促进东部边境地区的发展；1959—1968年促进结构薄弱地区包括农村中心地和北方经济萧条的老工业区的增长潜能；1969—1989年以"改善区域经济结构"共同任务为工具，促进区域协调发展；1990年至今，东、西德统一后，东部成为统一后的严重落后地区，促进重点即转向东部地区，同时兼顾西部地区的协调发展。在具体的政策制定上，德国的做法主要有：

1. 划定联邦和州联合管理的促进地区，统一协调联邦和州之间的责任、事权。为履行既定的实现区域协调发展的任务，联邦和州制定一项共同的框架计划。该计划每4年制定一次，在全联邦范围内按照统一的标准划分促进地区；确定促进目标；制定统一的促进规则以及统筹安排区域发展各项措施的实施等。

2. 应用财政平衡政策及财政补贴，改善区域经济结构。德国区域政策的核心内容之一，就是应用财政手段，通过实施财政收入平衡法及财政补贴促使国民经济活动的空间均衡。德国政府允许各州之间的人均收入可以有10%的差距，超出全国平均水平的州，要拨出部分收入给低收入的州；低于全国平均水平的州有得到财政补贴的权力。德国财政平衡包括两个方面：一是横向财政平衡，目标是使各州人均税收平衡化，努力缩小各州之间的人均收入差距。主要是采取法人税的分配、税款转移和联邦特别拨款，促使各州人均税收均等化。通过法人税分配，可使财政弱州达到各州平均财力的92%；通过税款转移，可使穷州人均财政收入达到全国人均的95%；最后不足部分由联邦财政提供，称为特别拨款；二是纵向财政平衡，指州与乡镇之间的财政平衡，做法与横向财政平衡类似。

3. 扶持中小企业，提升中小企业的活动和竞争能力。在德国，中小企业被称为经济的脊梁，在经济中扮演着重要的角色。依据是中小企业创新能力强、对市场变化反应快、可以创造更多的工作岗位、保障社会稳定，推动经济增长。但与大企业相比，中小企业面临着更多的困难，如融资渠道窄，经营管理能力有限，市场信息不足等。在共同任务框架内，德国特别重视中小企业尤其在其创业阶段，对中小企业给予较大企业更多的补贴，采取咨询、改善融资条件等措施加以扶持，对非投资性活动的促进也旨在加强中小企业的竞争能力，促进中小企业的健康发展。

三、日本的经验

"二战"后，日本作为一个挑起侵略战争的战败国家，在战争经济主导下的生产秩序和对外经济贸易全面破坏，工业滑坡，粮食紧缺，600多万军人复员和海外侨民归国面临着就业危机。因此，日本试图加快开发那些国土资源利用潜力大的地区来解决上述问题，其结果自然也就缓解了地区发展差距扩大的问题。日本的区域规划同德国的相似，也是分阶段地制定和实施，大体上可以分为三个阶段：第一阶段：1960年，提出低度开发地区工业开发构想，鼓励东京、大阪地区的工业企业迁往北海道、东北及日本海一侧等落后地区；第二阶段：1970年，调整发展战略，把基础设施、工业、环保、交通等因素糅合在一起综合发展。在工业重新分配时，注重把高新技术产业设立在落后地区；第三阶段：1980年至今，开发政策由单纯重视生产向生产和生活并重转变，提出"生活圈"概念。在实施具体的政策时，日本的做法主要有：

1. 通过立法的形式，保障国家重大财政项目的可持续性。日本是一个法制完备的国家，先立法、计划与立法相结合是日本开发落后地区的成功经验之一。

2. 公共财政金融支持与国家开发计划。为落后地区开发发行特别公债。主要用于为落后地区筹建道路建设、渔港建设、住宅建设、医疗设施、老人儿童福利设施、通信设施以及振兴地方传统产业所用资金。对落后地区的基础设施、文教、医疗、福利设施加强投资，改善文化生活环境。

3. 建立中央级别的协调管理部门，设立专门的行政管理机构。日本是政府干预型的市场经济国家，在总理府内设立了三个开发厅：原北海道开发厅、冲绳开发厅、国土开发厅。负责制定开发计划、政策和措施，对开发工作给予行政上的指导。

4. 突出地方特色，均衡各地公共服务。发展特色经济，增强自我发展能力。日本根据落后地区的特点，在进行深入调查的基础上，注重发挥地方优势，为了振兴落后地区教育，日本制定了《偏僻地区教育振兴法》《振兴落后地区特别措施法》等法规，对教职员发放教育津贴，补助教育。

★福建案例

闽西南协同发展区

加快推进闽东北、闽西南两个协同发展区建设，是福建省委、省政府贯彻落实习近平总书记重要讲话精神和新发展理念的重大举措，是解决发展不平衡不充分问题、深化山海协作、推动城乡统筹的"福建方案"。福建省委十届六次全会把经济协作区上升为协同发展区，更充分体现高质量发展的指向，更鲜明凸显新时代的要求。

闽西南协同发展区涵盖厦门市、漳州市、泉州市、三明市、龙岩市，陆域国土面积6.8万平方公里、占全省陆域面积55%。推进闽西南经济协作区建设，是20世纪以来福建省着力推进的区域发展重大战略。多年来，闽西南各地积极开展了双边多边、多层次、多形式的区域合作，取得了显著成效。根据新的发展特点和条件变化，福建省委赋予经济协作区新的时代内涵，加快建设闽西南协同发展区，推动区域融合发展朝着更深、更广、更紧密的方向前进。

当前，世界性产业分工和区域经济地理格局重构、我国产业转型升级与区域协同发展的大趋势，21世纪海上丝绸之路核心区、自贸试验区、国家生态文明试验区和福厦泉国家自主创新示范区建设等国家区域发展重大战略的深入实施，为闽西南地区协同参与国际国内竞争、提升区域整体发展水平带来机遇。但同时，区域协同发展机制有待完善，中心城市集聚辐射带动能力不强、城乡区域发展不够平衡，产业结构和空间布局不尽合理、部分企业总部外移、创新资源不足能力不强，资源约束趋紧、生态环境压力增大，营商环境、国际影响力等方面还有差距。

闽西南协同发展区的建设必须坚持新发展理念，坚持推动高质量发展，坚持以供给侧结构性改革为主线，坚持深化市场化改革、扩大高水平开放，深入实施区域协调发展战略，推进闽台深度融合发展，牢固树立"一盘棋"思想，着力推进基础设施互联互通、产业配套协作、公共资源共建共享，建立更加有效的区域协调发展新机制，努力把闽西南协同发展区建设成为新动能强劲的东南沿海重要区域增长极、海峡西岸城市群的发展高地，形成高质量的区域一体化发展和区域竞争新格局，发挥对新时代新福建建设的战略性牵引和支撑作用。

具体发展目标为：到2020年，重大交通基础设施实现快捷联通、网络化、集约型城镇空间格局基本形成，厦漳泉都市区辐射带动能力明显增强，常住人口城镇化率达68%以上；布局合理、特色鲜明、分工合作的产业发展格局初步形成，区域协同创新体系基本成型，研究与试验发展（R&D）经费投入强度超过全省平均水平；市场一体化建设取得重大进展，开放型经济向更广领域和更深层次拓展；生态环境保护取得积极成效，绿色发展导向牢固树立，重要江河湖泊水功能区水质达标率达到86%以上，城市空气质量优良天数比例达到90%以上。基本公共服务均等化水平稳步提升，人民生活水平不断提高；军民融合对国防建设与经济社会发展双向支撑拉动更加有力；建立与全面建成小康社会相适应的区域协调发展新机制。协同发展区整体经济实力明显增强，经济总量达2.6万亿元以上，区域内生发展动力进一步提升，现代化经济体系建设取得明显进展。

到2025年，人口经济集聚度进一步提升，城乡发展格局更加优化，常住人口城镇化率达72%左右；现代产业体系更加健全，高质量发展水平显著提升，科技进步贡献率超过全国平均水平，主要流域水质和城市空气质量保持全优；区域协调发展新机制在推动区域协同、一体化发展中发挥积极作用，区域协同水平提高，军民融合深度发展格局形成，区域竞争力进入全国前列，经济总量达到3.64万亿元左右，现代化经济体系建设取得重要进展；闽台融合发展取得实质性突破，服务台企台胞登陆第一家园建设的作用更加凸显，开放型经济体系基本建成。

展望2035年，建立与基本实现现代化相适应的区域协调发展新机制，实现区域协同、联动、整体性发展，综合竞争力和影响力显著增强，成为社会主义现代化区域协调发展的样板，率先基本实现社会主义现代化。

绿色：高质量发展的普遍形态

我们要以更大的力度、更实的措施推进生态文明建设，加快形成绿色生产方式和生活方式，着力解决突出环境问题，使我们的国家天更蓝、山更绿、水更清、环境更优美，让绿水青山就是金山银山的理念在祖国大地上更加充分地展示出来。

——2018年3月，习近平总书记在第十三届全国人民代表大会第一次会议上的讲话

★主题解读

绿色发展建设美丽中国

2005年8月15日，时任浙江省委书记的习近平来到余村考察时，曾说过："绿水青山就是金山银山。"他同时肯定了余村村民借景生财的做法，用生态旅游业代替污染环境的矿山产业，不仅保护了生态环境，还促进了当地经济的发展，达到了自然与经济发展的和谐统一。习近平总书记在此期间提出了"两山"理念。"两山"理念从一个小山村推广到全中国，为美丽中国建设指明了方向。

"两山论"是高质量绿色发展的科学论断。人不负青山，青山定不负人。对"绿水青山"的保护，其实是为了持续不断地获得更多的"金山银山"，这其中蕴含了可持续发展的理念。所以，大力推行生态文明建设，将绿色作为高质量发展的底色，将绿色发展贯穿中国高质量发展的整个过程，才能从根本上改善生态环境，实现可持续发展。

党的二十大报告强调，要"推动绿色发展，促进人与自然和谐

共生。""大自然是人类赖以生存发展的基本条件。尊重自然、顺应自然、保护自然，是全面建设社会主义现代化国家的内在要求。必须牢固树立和践行绿水青山就是金山银山的理念，站在人与自然和谐共生的高度谋划发展。我们要推进美丽中国建设，坚持山水林田湖草沙一体化保护和系统治理，统筹产业结构调整、污染治理、生态保护、应对气候变化，协同推进降碳、减污、扩绿、增长，推进生态优先、节约集约、绿色低碳发展。"

绿色高质量发展的基本理念是"绿色"，绿色是高质量发展的底色，须贯穿高质量发展建设的始终。我国在"十三五"期间，污染防治力度不断加大，生态环境得到明显改善，绿色高质量发展的案例更是数不胜数。从福建宁德依靠林果产业摆脱贫困，到浙江湖州"一片叶子富了一方百姓"；从新疆阿克苏在昔日亘古荒原上建成一道绿色长城，到内蒙古库布其把千年荒芜、寸草不生的沙漠变成无垠绿洲……这些案例无不体现了"绿水青山就是金山银山"的理念。同时，政府还积极推进垃圾分类，推动"厕所革命"，深入实施大气、水、土壤污染防治计划，在北方地区冬季推进清洁取暖，开展生态系统保护和修复重大工程等，这无不体现了中央政府推行绿色发展的决心。

绿色高质量发展的重要目标是"美丽"。"十四五"规划建议指出了生态文明建设的主要目标——"生态文明建设实现新进步。国土空间开发保护格局得到优化，生产生活方式绿色转型成效显著，能源资源配置更加合理、利用效率大幅提高，主要污染物排放总量持续减少，生态环境持续改善，生态安全屏障更加牢固，城乡人居环境明显改善"。这就要求我们要加大力度推进生态文明建设，加快形成绿色生产方式和生活方式，着力解决突出的环境问题，使得我们的国家拥有更蓝的天空、更绿的青山、更清澈的水流、更优美的自然环境，绘画出一幅山好、水好、人更好的人与自然和谐共生的"生态现代化"图景。

"生态兴则文明兴，生态衰则文明衰"。我国经济已经进入高质量发展新阶段，历史的经验和教训时刻提醒着我们，经济高质量发展绝对不能片面地追求产出总量和不可持续的高增长，而应该更加注重绿色经济和可持续增长。国内外经济发展实践也证实了以牺牲生态环境为代价的生产方式、消费方式以及生活方式难以实现社会的可持续发展和人们对美好生活及优美环境的向往。这就意味着离开生态文明的建设，中国的高质量发展将不可持续。经济高质量发展为生态文明建设提供物质条件，生态文明建设为经济高质量发展提供有力保障，两者之间相互制约、相互影响，所以两者之间的和谐统一至关重要。党的二十大报告指出，"人与自然是生命共同体，无止境地向自然索取甚至破坏自然必然会遭到大自然的报复。"这表明随着经济社会的不断发展，人民对良好生态环境的渴望日益迫切，绿色发展理念已深入人心。

如何推进生态文明建设，实现绿色高质量发展？这就要求我们要有绿色发展意识，时刻践行绿色发展理念，坚持节约优先、保护优先、自然恢复为主的方针，形成节约资源和保护环境的空间格局、产业结构、生产方式、生活方式，坚持人与自然和谐共生，还自然以宁静、和谐、美丽。具体来看，我们可以从以下五个方面着手。

一是要加强绿色治理。我们要赋予生态环境以生命，要像对待生命一样对待生态环境，要像保护生命一样保护生态环境。加强绿色治理可以从两个方面进行。首先要坚持节约资源和保护环境这两个基本国策，让节约资源和保护环境成为中国绿色高质量发展的指导方针；其次是从环境治理、生态修复与资源节约利用三个角度出发，同时着手，三管齐下。对于环境治理，须加大水、大气、土壤污染和工业、农业、生活垃圾、固体废弃物等城乡环境的综合整治力度；对于生态修复，须深入实施山水林田湖草沙一体化生态保护和修复，实施重要生态系统保护和修复重大工程，优化生态安全格局，开展国土绿化行动，切实保护耕地林地草地湿地，健全耕地草原森林河流湖泊休养生息制度，建立健全市场化、多样化的生态补偿机制；对于资源节约利用，须全面促进资源节约和集约循环利用，用最少的资源环境代价取得最大的经济社会效益。

二是要不断进行绿色技术创新，使绿色创新成为经济发展的新动力。首先，要增加绿色技术创新的资本投入。地方政府要提高教育支出，鼓励高校向绿色专业投入更多资金和人力，为绿色产业提供源源不断的专业化人才；企业须加大科技研发投入，加强自主创新，围绕新能源、节能减排、资源循环利用、碳汇产业和生态保护修复等，形成一批拥有自主知识产权的关键共性技术，以绿色技术创新驱动绿色发展。其次是找寻可替代的清洁能源，减少对石油、天然气等高污染能源的依赖。国家需要大力研发风能、太阳能、地热能、矿物能、海洋能、核能、生物质能等新能源应用技术，构建清洁低碳、安全高效的能源体系，减少对环境的污染。最后要加强科研转换能力，加速绿色创新技术落地。政府需要加强绿色技术重大创新平台、创新人才队伍和创新服务体系建设，加快构建绿色技术成果转化应用推广机制，推动绿色技术产业化、绿色产业规模化。

三是要促进产业转型升级，建立健全绿色低碳循环发展的经济体系。一方面，运用绿色低碳技术改造提升传统优势产业，促进传统产业向绿色产业转型升级；另一方面，以发展高端高质高效产业为切入点，推动新兴绿色产业发展。大力发展现代服务业等第三产业，突出发展文化产业、生态旅游、仓储物流、电子商务、再制造、互联网、物联网、云计算等新兴业态，加快培育生物医药、装备制造等战略性新兴产业，发展绿色金融，壮大节能环保产业、清洁生产产业、清洁能源产业，推动新能源、新材料等产业集群化、规模化、低碳化发展。

四是要鼓励人民践行绿色生活理念。倡导人民食用绿色食品、穿戴绿色衣物，倡导绿色居住、绿色出行、绿色休闲，倡导简约适度、绿色低碳的生活方式。鼓励人民节约用水、节约用电，反对奢侈浪费和不合理消费行为。同时开展创建节约型机关、绿色家庭、绿色学校、绿色社区和绿色出行等行动，在全社会营造绿色生活良好氛围。

五是要加强绿色监管。加快生态文明体制改革，建立和完善自然资源资产管理和自然生态监管的有关机构和制度。严格污染排放、强化污染责任、加强环境执法、健全环保评价、强制信息披露，构建系统环境治理体系。探索和改进绿色考评，建立健全政府主导、公众考核、专家评议、过程透明的考评机制。强化绿色考核评价制度建设，建立体现绿色发展要求的目标体系、考核办法、奖惩机制。健全法律法规体系，坚决制止和惩处破坏生态环境行为。

★经验借鉴

绿色发展的浙江经验

2005 年，在浙北小山村安吉余村，时任浙江省委书记习近平提出"绿水青山就是金山银山"的重要论断。2020 年，习近平总书记再次来到这里，又一次提出"把绿水青山建得更美，把金山银山做得更大，让绿色成为浙江发展最动人的色彩"。当前，浙江生态文明建设与绿色发展进入历史新方位，在生态环境治理、产业绿色转型、生态价值转化、体制机制创新等方面都展现出新趋势、新特征，为建成"展示人与自然和谐共生、生态文明高度发达的重要窗口"奠定了坚实基础。

一、环境全面改善，高标准建成美丽中国先行示范区

"十三五"期间，浙江污染防治攻坚战取得决定性胜利，生态环

境质量全面好转，大幅度消除环境污染的历史欠账，首个通过国家生态省建设试点验收，生态文明建设水平领跑全国。研究表明，浙江绿色发展指数位列全国第一、省级可持续发展综合排名全国第三，"山更绿、水更清、天更蓝、空气更清新"的美丽浙江"大花园"正在形成。目前，浙江劣 V 类水质断面全面消除，Ⅲ类及以上水质断面占 91.4%；日空气质量优良天数比例平均 88.6%；11 个设区市平均 PM2.5 浓度较 2015 年末累计下降 28%，全省森林覆盖率达 61.15%，省域主要河流水质达标率及人均公共绿化面积达到全国领先水平，全省生态环境公众满意度平均得分连续 8 年上升。随着浙江工业化、现代化、城市化进入新阶段，浙江将深入推进生产生活绿色化转型，努力打造引领国际绿色低碳可持续发展的美丽中国先行示范区，率先走出一条人与自然和谐共生的省域现代化之路。

二、绿色创新主导，加速经济增长与资源环境全面脱钩

经济发展与环境污染的矛盾是全球工业化进程中的普遍性难题。浙江在改革开放以来的较长时期内也曾走过一条拼资源、拼要素、拼环境的粗放式老路，依托低成本要素换取经济高增长，给资源环境带来严重的破坏。随着"十三五"期间"五水共治""腾笼换鸟、凤凰涅槃"等重点工作的持续深入推进，浙江一方面重拳淘汰落后产能"做减法"，另一方面积极培育绿色经济"做加法"，特别是抓住互联网、大数据、云计算、人工智能等新技术革命战略机遇期，大力推进以新产业、新业态、新模式为主要特征的"三新"经济，经济结构明显优化、资源要素投入产出效率明显提升，绿色低碳循环的产业体系正在形成。2019 年，全省"三新"经济增加值占 GDP 的 25.7%；数字经济核心产业增加值 6229 亿元，比上年增长 14.5%；高技术、高新技术、装备制造、战略性新兴产业增加值分别增长 14.3%、8.0%、7.8%、9.8%，占比分别达 14.0%、54.5%、

40.9％和31.1％。与此同时，浙江清洁能源示范省建设推进效果明显，能源资源利用效率持续提高，万元GDP能耗达到0.4吨标准煤，节能降耗水平位居全国前列。浙江正在摆脱资源要素等传统比较优势的路径依赖，实现全球价值链分工的变道超车，加速经济增长与资源环境的全面脱钩，实现持续稳定的更高质量绿色发展。

三、绿色标准引领，打造生态价值转化路径升级版

现阶段，浙江绿色发展实践对全国其他地区的借鉴与示范作用，正在从过去的"浙江经验""浙江路径""浙江案例"转向"绿色标准"的制定与引领。在早期的实践探索中，浙江不仅先行萌发了"生态兴则文明兴""绿水青山就是金山银山"等生态文明理念，而且率先开启了"美丽乡村""腾笼换鸟""河长制""排污权交易"等绿色发展路径，为美丽中国建设提供了诸多鲜活案例和实践注脚。"十三五"期间，浙江的"千村示范、万村整治"工程和阿里巴巴"蚂蚁森林"项目相继荣获联合国"地球卫士奖"，绿色发展的浙江经验走向世界。湖州市先后制定的美丽乡村建设标准、生态文明先行示范区建设指南、绿色制造评价办法等标准体系，多项已上升为国家标准。2017年，浙江发布《浙江省"绿色标准"体系建设方案（2017—2022年）》，2019年又发布《新时代美丽乡村建设规范》省级地方标准，预示着浙江绿色发展迎来以标准引领的升级版。浙江将进一步着力强化绿色"标准+"效应，紧紧围绕绿色制造、绿色环境、绿色服务、绿色农业、绿色金融五大重点领域，积极构建涵盖生产、生态、生活的"绿色标准"体系，为助力浙江"大花园"建设、引领长三角生态绿色一体化发展示范区建设提供有力支撑，为全国以及全球树立高水平绿色发展新标杆。

四、体制机制创新，全方位提升环境治理能力现代化

现代化的生态环境治理体系和治理能力是推进高质量生态建设的基础和保障。浙江的生态文明制度创新走在全国前列，逐步探索和建立了一套适应经济发展阶段的生态环境治理体系，治理能力持续提升。生态环境治理体系包括治理主体、治理机制和监督考核，是一个有机、协调、弹性的综合运行系统。浙江陆续出台了一系列法规规章，把环境治理纳入法治化制度化轨道，既克服了产权模糊、价格机制缺失的"市场失灵"，又可避免过去"唯GDP"而忽视环保的"政府失灵"。近年来，浙江率先建立与主体功能区定位相适应的差异化政绩考评制度、率先实现生态补偿全覆盖、率先推行排污权有偿使用和交易、率先实施环评审批制度改革，探索实施自然资源资产离任审计、生态环境责任追究和损害赔偿等制度，实施省内流域和跨省流域生态补偿，特别是以"最多跑一次"改革为牵引，全面推行"区域环评+环境标准"，大力推进生态环境治理数字化转型，率先开发运行浙江环境地图等，"现代生态环境治理样板省"已初具雏形。

★福建案例

长汀经验

长汀县地处福建省西部，武夷山南麓，是闽、粤、赣三省边陲要冲，土地面积3099平方公里，其中山地面积约占85%，为典型的"八山一水一分田"的山区县。长汀县是著名革命老区，近代以来，受到自然灾害、人口增长和战乱频发等因素的影响，水土流失问题愈发严峻。中华人民共和国成立前，长汀是中国水土流失最严重的

地区之一，其水土流失面积之广、程度之深、危害之重、影响之大居福建省首位。"山光、水浊、田瘦、人穷"，曾是当地自然生态恶化、群众生活贫困的真实写照。据 1985 年卫星遥感监测显示，长汀县水土流失面积达 146.2 万亩，占全县面积的 31.5%。山地植被稀疏，植被覆盖度仅 5%—40%。水土流失最为严重的地区，山光岭秃，草木不存，夏天阳光直射下，地表温度可达 76 摄氏度，人称"火焰山"。长汀也因此陆续出现了"赤岭""朱溪"等一批既体现红壤流失特征，又颇具荒凉色彩的村落名称。因水土大量流失，山崩河溃，同时，山塘水库淤积，径流量下降，不仅影响了水上交通航运和渔业生产，而且易涝易旱、灾害频繁，严重威胁了水土资源的永续利用，妨碍了工、农业生产，影响了人民正常生产生活。治理水土流失，成为长汀推动经济社会发展的首要而艰巨的任务。

1983 年，长汀开始水土流失规模化治理。此后 10 多年时间，通过人工植树种草、封山育林等措施，水土流失势头得到初步控制。21 世纪初，习近平同志在福建工作期间，曾先后 5 次深入长汀调研指导，发出了彻底消灭荒山的动员令，长汀县水土流失治理被列为福建省为民办实事项目，推动水土流失治理和生态建设迈上规范、科学、有效的道路。一场"绿色革命"在这片"红色"的土地上轰轰烈烈地开始了。2011 年 12 月、2012 年 1 月，习近平同志连续两次对长汀水土流失治理作出重要批示，指出"长汀县水土流失治理正处在一个十分重要的节点上，进则全胜，不进则退，应进一步加大支持力度。要总结长汀经验，推动全国水土流失治理工作。"长汀水土流失治理"进则全胜"的新篇章就此展开。

2012 年以来，长汀人民按照习近平同志的"进则全胜，不进则退"的批示要求，在水利、林业等中央部委和福建省委省政府的大力支持下持续推进水土流失治理，相继实施了小流域综合治理、坡耕地整治、崩岗治理等一批重点生态建设工程，生态保护修复工作取得明显成效。水土流失面积从 21 世纪初的 105.66 万亩下降到 36.9 万亩，水土流失率从 22.74% 降低到 7.95%，低于福建省平均水平，达到国内先进水平，森林覆盖率则由 59.8% 提高到 79.8%。昔日的"火焰山"如今变成绿色飘香的"花果山"。

长汀县修复后的绿水青山释放出经济社会发展的多重效应。全县农民人均可支配收入从 2012 年的 8185 元提高到 13991 元，全县贫困发生率由 2012 年的 8.9% 降至 2018 年的 0.032%，2018 年成功摘掉福建省扶贫开发重点县的帽子。生态保护修复工作，让昔日南方水土流失最为严重县份之一的长汀脱胎换骨，成为中国水土流失治理的一面亮丽旗帜，而且获评首批国家生态文明建设示范县和第一批"绿水青山就是金山银山"实践创新基地。

长汀县的"红"何以催生出"绿"？荒山何以盛开"生态之花"？生态奇迹如何造就？在长期实践中，长汀不断传承和弘扬革命老区"听党的话、跟党走"的红色基因和"闹革命走前头、搞生产争上游"的革命传统，始终把生态文明建设理念融入发展的各个领域、各个环节，走出一条"绿水青山就是金山银山"的可持续发展之路，实现了"荒山—绿洲—生态家园"的历史性转变，总结出"党委领导、政府主导、群众主体、社会参与、多策并举、以人为本、持之以恒"的做法与经验，为我国其他地区持续推进水土流失治理和生态文明建设提供样本与借鉴：（1）坚持党委领导、政府主导，强化使命担当，破解思想行动统一难题；（2）坚持群众主体，实施让利驱动，破解治理主体单一难题；（3）坚持社会参与，凝聚治理合力，破解治理力量不足难题；（4）坚持多措并举，科学创新防治，破解治理成果巩固难题；（4）坚持以人为本，实现绿富共赢，破解经济效益不高难题；（6）坚持持之以恒，一张"绿图"绘到底，破解可持续发展难题。

水土流失治理是一项长期而又艰巨的任务。党的十八大以来长汀县水土流失治理在习近平生态文明思想指导下，实践持续深入、认识持续提升，是我们党探索生态文明建设的生动缩影，对全国水土保持和生态保护修复起到了样板作用。

开放：高质量发展的必由之路

中国开放的大门不会关闭，只会越开越大。

——2020 年 11 月，习近平总书记在金砖国家领导人第十二次会晤上的讲话

★主题解读

开放带动高质量发展

经济全球化的进程促进了人才和资本的流动，鼓励了创新和发展，加快了文明的交融和各国人民的往来。中国的腾飞离不开世界这个舞台，同样，中国的发展也会带动世界各国纷纷进步，为世界提供"中国方案"，实现共同繁荣。

一、开放促进中国经济强盛

改革开放以来，我国积极主动融入世界市场，加强与国际市场的合作与融合，取得举世瞩目的成就。2021 年，我国货物+服务贸易总额增长到 6.9 万亿美元，连续两年全球第一。同时，我国双向投资稳居世界前列，从 2017 年以来，中国吸引外资连续四年位居世界第二，对外投资流量稳居全球前三位。特别是，自党的十八大以来，我国制度型开放水平不断提高：2013 年，中国推出自贸试验区第一张外商投资准入负面清单；2016 年，我国把自贸试验区的负面

清单经过试验之后推广至全国，在全国实施了外商投资准入负面清单的管理模式；2020年，我国实施了新的《外商投资法》，开启了一个新的外商投资管理的体制。我国的开放，扩大了外资企业以及其他外国企业进入中国市场的机会，也扩大了中国内外资企业进入到自贸伙伴市场的机会。改革开放的成就充分证明，对外开放是推动我国经济社会发展的重要动力。只有达到高质量的开放，才能发展更高层次的开放型经济，才能让中国走向世界。2017年的中央经济工作会议指出推动经济高质量发展，需要"推动形成全面开放新格局"，不仅"要在开放的范围和层次上进一步拓展，更要在开放的思想观念、结构布局、体制机制上进一步拓展"。我们现在问题的核心已经不再是单纯地是否要对外开放，而应该是怎样更好地提升对外开放的水平和质量，以实现经济发展内部与外部的互相联动。

对此，习近平总书记已经提出了建设"新丝绸之路经济带"和"21世纪海上丝绸之路"的合作倡议，即"一带一路"。"一带一路"的提出是高举和平发展的旗帜，积极发展与沿线国家的经济合作伙伴关系，共同打造政治互信、经济融合、文化包容的利益共同体、命运共同体和责任共同体，也是更好提高我国高质量开放的良策，坚持"走出去"和"引进来"相结合，构建具有命运共同体意识的全球开放型经济。

当前，我国经济发展由高速增长阶段转向高质量发展阶段。着力发展开放型经济，将有助于提高现代化经济体系的国际竞争力。以新一轮高水平对外开放促改革、促发展、促创新、促转型，是实现中国高质量发展的必由之路。

二、改革与开放相辅相成、互相促进

中国的改革和开放大体上是同步进行的，广义的改革包括开放。但两者还是有明显区别的，一般称对内改革、对外开放。邓小平同志曾经指出：我们的经济改革，概括一点说，就是对内搞活，对外开放；不改革不行，不开放不行。当今世界，开放融通的潮流滚滚向前。人类社会发展的历史告诉我们，开放带来进步，封闭必然落后。我们既希望通过改革打开国门、融入世界，学习和借鉴国外先进经验，也希望通过对外开放形成更好的国际环境来助推改革、深化改革，从而使两者保持良性互动。对外开放的水平、质量和效益，往往成为衡量改革成效的重要尺度。正是因为不断扩大改革，我国已逐步成为世界和平的建设者、全球发展的贡献者、国际秩序的维护者，以及全球治理变革进程的参与者、推动者、引领者。

面向新时代，习近平总书记指出，"中国已进入全面建成小康社会的决定性阶段""我国正处于实现中华民族伟大复兴关键时期"。为此，我们作出了全面深化改革的总体部署，着力点之一就是以更完善、更具活力的开放型经济体系，全方位、多层次发展国际合作。因为开放也是改革，要寓改革于开放之中。我们既要坚定不移深化各方面改革，又要坚定不移扩大开放，使改革和开放相互促进、相得益彰。以开放促改革、促发展，是我国改革发展的成功实践。改革和开放相辅相成、相互促进，改革必然要求开放，开放也必然要求改革。

在全面深化改革中，我们推出了一系列深化改革的举措，如实行高水平的贸易和投资自由化便利化政策，全面实行准入前国民待遇加负面清单管理制度；赋予自由贸易试验区更大改革自主权，探索建设自由贸易港；创新对外投资方式，促进国际产能合作，形成面向全球的贸易、投融资、生产、服务网络；坚定不移推动全球治理体系变革，支持二十国集团、亚太经合组织、上海合作组织、金砖国家等多边机制在全球治理中发挥更大作用。一方面，通过全面深化改革，我们逐步构建全方位、宽领域、多层次的对外开放新格局；另一方面，在打造这种新的对外开放格局过程中，我们不断推动改革向全面深化目标迈进。可见，我们在新时代不仅以更宽广的视野、更高的目标要求、更有力的举措推动全面开放，而且坚持以开放促改革、促发展、促创新，持续推进更高水平的对外开放，使改革与开放的辩证关系不断得到深化。

三、"双循环"新发展格局下的开放

当前我国要逐步形成以国内大循环为主体、国内国际双循环相互促进的新发展格局。2020 年 7 月 21 日，习近平总书记在企业家座谈会上对这一新发展格局着重强调："中国开放的大门不会关闭"；"以国内大循环为主体，绝不是关起门来封闭运行"；"使国内市场和国际市场更好联通，更好利用国际国内两个市场、两种资源，实现更加强劲可持续的发展"；"要站在历史正确的一边，坚持深化改革、扩大开放，加强科技领域开放合作，推动建设开放型世界经济，推动构建人类命运共同体。"

习近平总书记指出："一个国家强盛才能充满信心开放，而开放促进一个国家强盛。"开放发展应当坚持主动开放、双向开放、公平开放、全面开放、共赢开放五大原则，以此带动我国企业嵌入全球产业链、价值链和创新链、服务链，实现贸易和投资带动增长的发动机效应、技术溢出效应、产业升级效应。

开放通过"引进来"战略吸引外部资本的流入，缓解我国企业面临的资金紧张问题，同时引进国外先进的管理经验和商业模式，引进高水平人才，国内市场应更深入地放宽市场准入的条条框框，以实现中外企业能够公平、有序竞争的良好环境，并且应使进口的结构更加优化；通过"走出去"让更多的国产品牌了解国际市场需求，参与国际市场竞争，不断提高自身技术和创新水平，加强提高自身产品出口的附加值，推动出口市场的多元化，优化出口市场的运营环境，探索建设中国特色自由贸易港，降低出口环节的制度性

成本。

越开放，越发展；越发展，越需要进一步开放。"双循环"并不意味着不要国外市场，更不是封闭起来搞自己的经济循环，而是要在继续参与国际竞争的前提下，充分发挥国内超大规模市场优势和内需潜力，不仅要以国内大市场体系循环代替"两头在外、大进大出"的单循环格局，而且要让国内市场与国际市场链接起来，以国内市场的发展和壮大，促进和带动国内企业参与国际市场循环。随着中国开放的大门越开越大，中国必将与世界各国携手并进，共同开拓互惠合作共赢的新局面。

★经验借鉴

开放发展的广东经验

改革开放以来，广东走出了一条"安全、稳定、高效""敢为人先"的开放发展之路，实现了由被动开放到主动开放的转型，实现了思想大解放、体制大变革和经济大飞跃，在形成全面开放新格局上走在全国前列。回顾广东外向型经济发展历程，已经形成了"由点带面、由低向高、由单到双"的有序开放经验。

一、形成"由点带面"的空间开放格局

十一届三中全会以来，中国迈开了对外开放的步伐，并实现了由"被动开放"到"主动开放"的思想大转变，确立了对外开放作为我国的长期基本国策。回顾广东的开放发展历程，主要通过经济特区、沿海开放城市和沿海经济开放区三种层次的探索和实践。在空间维度上，遵从由外向内、由沿海到内地实现有序开放；在时间维度上，从 1979 —1992 年，在 13 年时间内，全省已经通过各种形

式打开了对外开放的门户。

经济特区是我国开放的最初形式。1978年底，时任广东省委第一书记和省长的习仲勋向中央建言，希望中央能给广东更大的支持，多给地方处理问题的机动余地，允许广东吸收港澳华侨资金以及开展"三来一补"等。习仲勋同志的建议很快得到了中央的响应，1979年7月，中共中央、国务院决定在广东省的深圳、珠海、汕头和福建省的厦门试办出口特区。1980年5月，出口特区改名为经济特区。从最初的4个经济特区来看，其中有3个经济特区在广东省。如果说经济特区是体制改革的试验场，那么广东省就是中国改革开放的排头兵。广东经济特区从无到有，从一种形式发展为多种形式，在全国最早形成了全方位、多层次、宽领域的对外开放格局。

1984年2月，邓小平在视察广东、福建后，肯定建立经济特区的政策是正确的，并建议增加对外开放城市。1984年10月召开的十二届三中全会通过了《中共中央关于经济体制改革的决定》，同年，国务院批准了14个沿海港口城市，广东省的广州和湛江被纳入其中。广州和湛江两个沿海开放城市对广东发展外向型经济发挥了"助推器"的作用：第一，增加与扩大了对外开放的窗口作用，可以使外商有更多的投资场所与选择余地，进一步发展引进外资与先进技术的工作。第二，中外合资、中外合作与外商独资企业的大量兴办，先进技术与科学经营管理方法的采用，大大提升了沿海城市的劳动生产率。第三，开放城市引进的先进技术，经过消化吸收进行二次创新，推动广东乃至全国科技进步。

1988年6月，为充分利用当前国际上的有利时机，积极发展外向型经济，《国务院关于扩大广东省沿海经济开放区范围的批复》中同意在广东省增设沿海经济开放区，增设地级市范围包括茂名、肇庆、云浮、惠州、汕尾、阳江、清远、潮州和揭阳9个地级市。1992年8月，《国务院关于进一步对外开放韶关等市的通知》，国务院决定将韶关、河源、梅州三市列入沿海经济开放区，实行沿海经济开放区的政策。广东省最后开放的 3 个地级市，成为既可享受山区优惠政策，又可享受沿海开放区优惠政策的地区。

在深圳、珠海和汕头经济特区带动下，广东省通过设立沿海开放城市和沿海经济开放区，开放空间由小到大，截至 1992 年底，广东省珠三角 9 个地级市和粤东西北 12 个地级市，合计 21 个地级市全部实现了对外开放，在全国属于率先形成全面对外开放格局的省份。

二、形成"由低向高"的转型开放格局

广东改革开放 40 多年来，"世界工厂"的形象已深入人心，但劳动密集型、资本密集型和知识密集型制造业依然处于全球价值链的低附加值环节。换句话说，广东在初始条件落后的条件下，充分发挥了复制发达经济体技术的"后发优势"。随着广东创新能力的增强，特别是深圳、广州等创新型城市的崛起，加上企业"走出去"的步伐加快，借助国外资金、市场或技术等资源，发达国家全球价值链"低端锁定"的困局逐步被打破，广东对外开放格局逐步由低层次转向高质量发展。

从贸易方式的结构变化看。在 20 世纪 70 年代，制造业占香港总产出的比重曾高达 30%，直到 80 年代中期仍高于 20%，但是到 21 世纪初已下降到 5%，2010 年已不足 1.7%。香港大部分制造业往内地转移，特别是珠三角承接了大部分来自香港的制造业产业转移。来自香港的产业转移为广东省的出口加工业打下了扎实的基础，从改革开放至今，以"三来一补"为主的加工贸易一直在广东外向型经济中发挥着重要作用。随着广东创新能力逐年提升及其传统制造业的转型升级，加工贸易在广东进出口中的比重逐年降低，一般贸易的比重出现上升趋势。2016 年，一般贸易和加工贸易进出口额在全省进出口总额中的比例分别为 43.58% 和 38.79%，这是改革开放以来一般贸易的比例首次超过加工贸易。这意味着广东的开放发展正在从低质量向"比质量""立标准""树品牌"的高质量过渡，贸易结构正在向优发展。

从进出口产品种类的结构变化看，无论是进口还是出口，机电产品和高新技术产品所占比重呈现上升的趋势。机电产品是指使用机械、电器、电子设备所生产的各类农具机械、电器、电子性能的生产设备和生活用机具。一般包括机械设备、电气设备、交通运输工具、电子产品、电器产品、仪器仪表、金属制品等及其零部件、元器件。高新技术产品是指符合国家和省高新技术重点范围、技术领域和产品参考目录的全新型产品。机电产品和高新技术产品的进口或者出口，存在国际知识或者技术的溢出或者"逆向"溢出，对广东省开放发展和创新发展均具有推动作用。

三、形成"由单到双"的协同开放格局

"引进来"和"走出去"是广东对外开放政策相辅相成的两方面，两者缺一不可。通过将"引进来"和"走出去"结合起来，一定程度上弥补了资源和市场不足。通过利用国内外两种资源、两个市场，广东经济发展的动力和后劲不断增强，逐步从开放之初的"后发优势"逐步过渡到具备一定"比较优势"，粤商在国际上的影响力、感召力和竞争力均获得了长远发展。广东省企业对外投资迅猛增长，但数量和增速都不是很稳定，2008 年全省对外直接投资为12.43 亿美元，2010 年为 16.00 亿美元，2016 年达到 229.62 亿美元，2017 年下降到 87.50 亿美元。

只进不出或只出不进，都不是真正意义上的开放；"引进来"与"走出去"都是我国对外开放的有机组成部分。广东省在未来的发展中，不仅应该注重高质量的"引进来"，更要注重"走出去"参与国际竞争。双向开放是广东实现外经贸转型升级的必然趋势。在引

进来方面，要通过优化进口结构，着重引进先进技术和关键设备；通过改善投资环境，吸引外商直接投资；还要根据"聚天下英才而用之"的要求，大力引进海外各类专业人才和智力。在走出去方面，除了进一步扩大商品和服务出口外，要鼓励和支持有比较优势的各种所有制企业对外投资，带动商品和劳务出口，形成一批有实力的跨国企业和著名品牌，积极参与经济全球化竞争，积极参与区域经济交流和合作。

★福建案例

中国（福建）自由贸易试验区

2014年12月31日，国务院正式批复设立中国（福建）自由贸易试验区。中国（福建）自由贸易试验区从此成为中国大陆境内继上海自贸试验区之后的第二批自贸试验区。中国（福建）自由贸易试验区范围总面积118.04平方公里，包括福州、厦门、平潭三个片区。其中福州片区31.26平方公里、厦门片区43.78平方公里、平潭片区43平方公里。

中国（福建）自由贸易试验区的功能定位明晰。按区域布局划分：福州片区重点建设先进制造业基地、21世纪海上丝绸之路沿线国家和地区交流合作的重要平台、两岸服务贸易与金融创新合作示范区。厦门片区重点发展两岸新兴产业和现代服务业合作示范区、东南国际航运中心、两岸区域性金融服务中心和两岸贸易中心。平潭片区重点建设两岸共同家园和国际旅游岛，在投资贸易和资金人员往来方面实施更加自由便利的措施。按海关监管方式划分：海关特殊监管区域重点探索以贸易便利化为主要内容的制度创新，开展国际贸易、保税加工和保税物流等业务。非海关特殊监管区域重点探索投资制度改革，推动金融制度创新，积极发展现代服务业和高端制造业。

中国（福建）自由贸易试验区 2015 年 4 月挂牌成立，5 年来，大胆试、大胆闯，形成了一批独具福建特色、对台先行先试的制度创新成果，基本实现了总体方案和深化方案确定的发展目标，建立了与国际投资和贸易通行规则相衔接的制度体系，发挥了深化改革、扩大开放的试验田作用。具体成果包括以下方面。

改革开放步伐持续加快。累计推出 16 批 446 项创新举措，全国首创占 40.6%。有 40 项创新举措作为改革试点经验被全国复制推广或评为"最佳实践案例"，制度创新走在全国前列。一些首创性的"福建经验"推动了国家根本性的制度变革。比如，关检"一站式"查验、国地税协同报税，为海关、税务机构改革探索了经验；"三证合一、一照一码"在企业注册登记环节创造了新模式，为全国商事制度改革之先；厦门在"多规合一"基础上，推出工程项目审批"五个一"，成为全国改革的样板，为中国在世行营商环境评估中排名的提升做出了贡献。

政府治理水平大幅提升。自贸试验区着力深化"放管服"改革，建立了与市场规则相适应的服务型政府。简政放权领域，用政府权力的"减法"来换取市场活力的"加法"甚至是"乘法"。政务服务领域，利用"互联网+政务"，实施"一窗办""网上办""马上办"等举措，不断提升政务服务质量。在监管领域，强化底线思维，加快构建新型监管机制，利用信息化手段，应用大数据、人工智能、区块链等技术提升监管水平，让监管从简单粗放向精准高效转变，从多头监管向综合监管转变。

沿海近台优势充分发挥。首先是突出对台，深化产业合作，50多个领域率先对台开放，引进一批首创性台资项目。全省 4 成的新增台资企业、合同台资选择落户在自贸试验区。利用两岸产业的互补性，推动电子信息、光学仪器、精密机械等产业联动发展。拉紧对台贸易纽带，持续创新通关合作模式，开展申报信息互换，试行查验结果互认，实施货物快速放行，福建已经成为台湾商品输大陆最便捷通道。深化两岸金融合作，实施台资企业资本项目管理便利化政策试点，目前这个试点已扩大到全省。通过开通台胞台企征信查询、发放"金融信用证书""麒麟卡"等途径，向台胞台企提供贷款、担保、授信等金融服务，满足台胞台企在大陆创业、就业对资金的需求。便利台胞生活，率先实施卡式台胞证、台湾居民入境免签注等政策，台胞"足不出岛"即可办证。福州、厦门、平潭三个片区都设立了台胞台企"一站式"服务平台，台胞参加社保、购房、购票等享受同等待遇。开展职业资格比对工作，现已完成134大项（268小项）国家职业资格标准比对，全省直接采认台湾居民20个工种职业资格、52项台湾职业职称，实现台胞到大陆就业的无缝对接。其次是突出海丝，不断拓展与沿线国家和地区的开放合作，在丝路投资、丝路贸易、丝路电商等领域，结出了丰硕的成果。特别值得一提的是，当前重点打造中欧班列和"丝路海运"两个品牌，把"海丝"与"陆丝"紧密连接起来，为构建东西互济、内外相联的开放新格局打下了坚实基础。

经济发展动能显著增强。充分利用自贸试验区制度创新优势和"保税+""金融+"等政策，培育了物联网、航空维修、融资租赁、跨境电商、进口酒等重点平台，发展了集成电路研发设计、海运快件、中转集拼等一批新业态新模式，形成了一批新兴产业集聚区。充分发挥自贸"磁吸效应"，吸引人流、物流、资金流、信息流、技术流源源不断流入，自贸试验区已经成为区域经济发展的重要载体，是推动高质量发展的重要引擎和落实"六稳""六保"任务的坚实基地。5年来，区内累计新增企业9.8万户、注册资本2.1万亿元，税收年均增长45.4%，进出口年均增长12.8%，均较大幅度高于全省水平。

共享：高质量发展的价值导向

生活在我们伟大祖国和伟大时代的中国人民，共同享有人生出彩的机会，共同享有梦想成真的机会，共同享有同祖国和时代一起成长与进步的机会。

——2013 年 3 月 17 日，习近平总书记在第十二届全国人民代表大会第一次会议上的讲话

★ 主题解读

共享是发展的出发点和落脚点

"共享"二字，按字面上的意义来解释就是将物品或者信息的使用权或知情权与其他人共同拥有、共同使用。人人共建、人人共享，是经济社会发展的理想状态。我国是人民当家做主的社会主义国家，必须坚持以人民为中心的发展思想，不断促进人的全面发展和全体人民共同富裕。习近平总书记指出，"人民对美好生活的向往，就是我们的奋斗目标。"这也是发展的归宿。共享发展理念是评价发展过程、检验发展成果的重要理念。

当共享作为一种发展理念时，有着丰富的内涵。早在社会主义建设初期，毛泽东就曾提出一些关于共享发展的思想，在《论十大关系》中，他提出："工人的劳动生产率提高了，他们的劳动条件和集体福利就需要逐步有所改进。""国家和工厂，国家和工人，工厂和工人，国家和合作社，国家和农民，合作社和农民，都必须兼顾，不能只顾一头。"这些都是我国社会主义建设中共享发展理念最初的体现。改革开放后，邓小平指出"社会主义最大的优越性就是共同

富裕，这是体现社会主义本质的一个东西"，而共同富裕正是共享发展理念的良好体现。近些年共享发展理念得到进一步的确认和完善，党的十八届五中全会提出："坚持共享发展，必须坚持发展为了人民、发展依靠人民、发展成果由人民共享，作出更有效的制度安排，使全体人民在共建共享发展中有更多获得感，增强发展动力，增进人民团结，朝着共同富裕方向稳步前进。"共享发展来源于马克思主义理论，是对马克思主义发展观的继承和发展。共享发展的内涵主要包括全民共享、全面共享、共建共享和渐进共享四个方面。

一、全民共享

共享发展理念的核心内涵就是发展以人民为中心。共享发展的主体是全体人民，全民共享、各得其所，人人享有发展成果。共享发展理念坚持以人为本、以民为本，突出人民至上，致力于解决我国发展中共享性不够、受益不平衡的问题，彰显了中国化、当代化、大众化的马克思主义发展观。习近平同志强调："要坚持以人民为中心的发展思想，这是马克思主义政治经济学的根本立场。要坚持把增进人民福祉、促进人的全面发展、朝着共同富裕方向稳步前进作为经济发展的出发点和落脚点。""中国执政者的首要使命就是集中力量提高人民生活水平，逐步实现共同富裕。"这就是人民至上、全民共享的科学发展理念，深刻阐明了共享发展就是以人民为中心的发展。

二、全面共享

共享发展是全面保障人民生活各方面需求的发展理念。共享发展的客体是人民的各项合法权益，包括经济权益、政治权益、社会权益、文化权益、环境权益、健康权益等。党的十九大报告指出，人民美好生活需要日益广泛，不仅对物质文化生活提出了更高要求，而且在民主、法治、公平、正义、安全、环境等方面的要求日益增长。随着我国经济社会的发展，人民对美好生活的需求越来越多样化、动态化、个性化，要提升人民群众的获得感和幸福感，就不能用单一标准来衡量共享的成果，不能仅仅满足于经济物质方面的共享。共享发展就是要共享国家经济、政治、文化、社会、生态等各方面的发展成果。

三、共建共享

共享发展是共建和共享辩证统一的发展理念。共享需要共建，以共建推动共享；共建为了共享，以共享引领共建。习近平同志指出："国家建设是全体人民共同的事业，国家发展过程也是全体人民共享成果的过程。"人民群众的获得感、幸福感不仅来源于对发展成果的共享，更源于参与共建过程体现出来的价值实现。坚持共建共享，要做到共建与共享的辩证统一，在全社会营造人人参与、人人尽力、人人享有的良好环境，厚植发展优势、凝聚发展伟力、提升发展境界。坚持共享发展，既追求人人享有，也要求人人参与、人人尽力，人人都为国家发展、民族振兴和个人幸福贡献自己的力量。没有共建就没有共享，只有全民共建、各尽所能，不断提高共建的水平，共同推进国家建设，才能扩大共享的基础，提高共享的质量。

四、渐进共享

共享发展是由低到高、渐进均衡的发展理念。共享是广大人民群众共同享有，是要消除贫富悬殊、避免两极分化，其方向和目标是共同富裕。习近平同志强调："面对人民过上更好生活的新期待，我们不能有丝毫自满和懈怠，必须再接再厉，使发展成果更多更公平惠及全体人民，朝着共同富裕方向稳步前进。"共享发展的目标是实现共同富裕，但也不可能一蹴而就，从共享走向共同富裕是一个长期过程,任重而道远。党的十九大指出,我国社会的主要矛盾已经转化为人民日益增长的美好生活需要和不平衡不充分的发展之间的矛盾。共享不是低水平的绝对平均,而是一个不断发展的从低级到高级、从不均衡到均衡的过程。并且因为人民对美好生活的需要有多样性和动态性,即使是高水平的共享,也存在这样那样的差别,也会有不断发展的渐进过程。

我国现阶段共享发展的主要内容是改善居民生活质量,提高居民生活水平,让发展的成果能够惠及最广大的人民群众。自改革开放以来,我国经济飞速发展,GDP 年均增速达 9%以上,实现了世界经济增长史的奇迹。但是,过快的经济发展却使我们无法很好地兼顾公平,这些年人民的生活水平也不断提高,而不同地区之间,不同行业之间,高收入群体与低收入群体之间的收入差距却不断扩大;城乡所享有的基础设施、公共服务水平差距也相当大,这在一定程度上影响了公平正义的实现与社会主义制度优越性的彰显,而且可能成为阻碍我国经济社会进一步发展的障碍。

实现高质量发展,必须走共享发展之路。我们之所以要谋求经济转型,之所以要摆脱以往的只重效率和规模的模式,其中一个原因正是过去的发展模式造成了发展不均衡,造成了比较大的城乡差距和收入差距,因此,我们的高质量发展,必然是在克服这些困难之上、解决这些问题之上的发展,而共享正是这一问题的良药。共享发展是社会主义的本质表现和要求,是共同富裕的内在要求。"不患寡而患不均",就是反对一小部分群体独占大家共同创造的劳动成果。人类文明发展的成果是世界人民共同劳动的结晶,没有世界人民的共同奋斗,世界任何一个国家,乃至人类社会就不可能有今天的巨大成就,所以全人类的发展成果必须由世界人民共同享用。

★ 经验借鉴

共享发展的天津经验

由中央党校编写、社会科学文献出版社出版的《高质量发展蓝皮书：中国经济高质量发展报告（2020）——践行共享发展理念》（以下简称《高质量发展报告》），对全国和 31 个省、自治区、直辖市 2019 年共享发展情况从全民共享、渐进共享、全面共享和共建共享四大方面进行分析测算。天津在共享指数综合排名中位列全国第四位，其中全民共享指数排名全国第一。成绩的背后，是天津近年来坚决贯彻落实共享发展理念，不断探索经济高质量发展之路。

一、全民共享是天津高质量发展的目标和归宿

天津注重经济社会发展成果惠及于民，始终把民生工作摆在重中之重。"十三五"期间，天津将共享理念贯穿于经济社会发展的各个方面和全过程，把共享既作为谋划发展的价值理念，也作为推进发展的实际行动；既作为发展的出发点，也作为发展的落脚点。笃定高质量发展不动摇，扎实践行新发展理念，深入推进供给侧结构性改革，通过实施新农村建设、乡村振兴等战略，有效地缩小了城乡收入发展差距，使得全民共享水平有了很大提高，充分实现了使发展的成果惠及农村贫困人群。近几年，天津用于民生的支出占到财政总支出的 70% 以上。全面取消城市基础设施配套收费，积极推行"营改增"减税、年增值税减税和下调城镇职工基本养老保险单位缴费，2017—2019 年三年合计减税降费 1057 亿元，其中天津主动减税降费 623 亿元；城镇新增就业人口每年都在 48—49 万；城镇登记失业率一直控制在 4% 以下；城乡低保和特困供养标准连年提高，确保困难群体病有所医，基本生活得到有效保障。

二、渐进共享是天津高质量发展的速度和高度

渐进共享就是在发展过程中实现共享，既要满足生存性需求的民生，也要满足发展性需求的民生。对天津而言，一方面，激发全市人民积极性、主动性、创造性，把新发展理念贯穿发展全过程和各领域，坚定不移地走高质量发展之路，构建新发展格局；另一方面，最大限度地提高人民的消费水平，提升广大人民群众的生活质量，促进社会公平，增进民生福祉，不断实现人民对美好生活的向往。"十三五"期间，天津正是得益于这种不懈奋斗，2019年综合科技创新水平指数分值达到79.79，自2001年以来稳居全国第一梯队的前四位；在大规模减税降费的背景下，2019年天津市一般公共预算收入为2410.25亿元，完成年初预算121.7%；2018年天津城镇居民人均可支配收入达到42976元，农村居民人均可支配收入达到23065元，在全国名列前茅，分别比改革开放初期增长了近110倍和150倍。

三、全面共享是天津高质量发展的宽度和广度

全面共享包括经济、政治、文化、社会、生态和法治等多个方面共享。最具代表性的就是"全国文明城市"创建，它反映城市整体文明水平的全面共享程度，是含金量最高、影响力最大的城市品牌，是目前国内城市综合类评比中的最高荣誉。近年来，天津市委坚持创建为了人民、创建依靠人民、创建成果由人民共享，从重点解决社会关注、群众关心的突出问题入手，全力实施八大工程，西青区、北辰区、滨海新区成功入选第六届全国文明城市，和平区、河西区复查确认保留荣誉称号。目前，建成区一级新时代文明实践中心5个、镇（街）一级新时代文明实践所100个、村（居）一级新时代文明实践站2166个，实现5个全国试点区中心、所、站全覆

盖，其他 11 个区也结合实际开展了文明实践试点。建立 9 大资源服务中心，组建 161 支志愿服务队伍、推出 229 个志愿服务项目。这份沉甸甸的成绩单，展现出全市努力为社会主义现代化大都市建设凝聚强大精神力量。

四、共建共享是天津高质量发展的深度和厚度

共建是共享的前提，共享是共建的目的。"十三五"期间，天津推进创新创业，提高技能人才待遇，推动工资集体协商，培育新型职业农民，民生保障不断增强，居民收入较快增长，棚户区改造、提前和延长供暖、解决"一老一小"问题等惠民举措有力提升群众获得感、幸福感、安全感。在推进共建共享的发展过程中，信息共享起了重大的作用，互联网式技术的出现和推广，极大地促进了共建共享的发展；而在劳动报酬和劳动参与方面贡献较低，人口红利正在逐渐消失。但天津经济仍然具有投资驱动型经济特征，2019 年固定资产投资增长率为 13.9%，位居全国第五，而天津市互联网渗透率为 0.28，在全国 31 省市中排名第十五。在"十四五"期间及更长一段时间，天津应加快发展以信创产业为代表的新动能，由投资驱动老路转向创新驱动新路。

★ 福建案例

社区治理的厦门样板

2019 年，福建省厦门市聚焦群众需求，加快推进"三社联动"，激发多元参与、合作共治，构建民生保障服务体系和基层社会治理体系，有力推进基层治理体系和治理能力现代化，打造社区治理的厦门样板。

一、加强政策制度建设，健全"三社联动"机制

出台《关于加快推进"三社联动"创新基层社会治理工作的意见》，明确推进"三社联动"的总体思路、主要任务和保障措施。同时，先后以厦门市委、市政府或市直相关部门的名义出台了有关社区党建、社区网格化、社区业主自治等方面的政策文件8份，有关社会组织改革创新、社会组织党建等方面的政策文件10份，建立健全了以社区为平台、社会组织为载体、以社会工作专业人才为支撑、志愿服务为补充的"三社联动"制度保障体系。

二、完善社区治理结构，夯实"三社联动"平台

建立由"街道大党工委—社区大党委—网格党支部—楼栋党小组—党员中心户"组成的组织架构，创新小区治理模式，组建小区党支部937个，楼栋党小组2056个，覆盖全市75%的居民小区。在城乡社区普遍建立同驻共建机制、村居党（事）务听评会机制等。推进社区网格化建设，划分了3000多个网格，配备社区工作者8300多名。厘清政社职能边界，修订村（居）履行自治职责、依法协助政府、检查评比达标事项、台账盖章等6项职责清单。运用云计算、大数据等技术，全面建成市、区、镇街、村居纵向四级联通共享、横向覆盖56个业务部门的社区网格化服务管理平台。

三、培育引导社会组织，打造"三社联动"载体

建有各级社会组织孵化基地24个，建成启用全省首个市级社会组织党建服务中心，搭建了政府扶持、发展、服务社会组织的公共平台。连续7年开展社会工作服务机构经费扶持工作，共给予39家机构127万元扶持经费。截至2019年11月，全市共有社会组织5964家，其中，社会团体1622家、民办非企业单位1735家、基金

会 35 家、备案社区社会组织 2572 家，初步形成结构合理、功能完善的社会组织发展格局。

四、培养使用社工人才，强化"三社联动"支撑

完善社工人才激励保障，将社工人才支持计划纳入市委、市政府"人才新政 45 条"，对全国专业社会工作领军人才获评者给予 10 万元奖励，评选表彰 10 名首批厦门市专业社会工作领军人才并给予每人 5 万元奖励，向民办社会工作服务机构新聘用且就业满一年的社会工作者按助理社会工作师、社会工作师、高级社会工作师不同等级分别给予 5000 元、1 万元、2 万元一次性工作补贴，共补贴 65 人计 35.5 万元。建立继续教育制度，常态化开展专职社会工作者继续教育培训，累计举办 22 期，培训提升社工人才素质。探索本土督导培养模式，培养首批社会工作专业督导 22 人，并启动第二批督导培养工作。大力开发社会工作岗位，在全市社会服务类事业单位设立社工专技岗位 95 个，在 303 个城市社区设立社会工作室和岗位，配备 350 名专（兼）职社会工作者。

五、推进政府购买服务，实现"三社"有效联动

建立健全政府购买社会工作服务及其监督评估机制，通过政府购买服务，支持专业社会组织、社会工作者以社区为平台，运用信息化手段，开展需求调查、设计服务方案、实施专业服务，实现"三社"有效联动，促进"社工+志愿者+社区居民+N"积极互动。近年来，全市政府购买社会工作服务的资金累计达 2.4 亿元，实施项目 850 多个，服务累计惠及近 430 万人次，在服务社区各类特殊、困难群体上发挥了重要作用。

中编："思"高质量发展

高质量发展是"十四五"乃至更长时期我国经济社会发展的主题，关系我国社会主义现代化建设全局。习近平总书记强调，"高质量发展不只是一个经济要求，而是对经济社会发展方方面面的总要求；不是只对经济发达地区的要求，而是所有地区发展都必须贯彻的要求；不是一时一事的要求，而是必须长期坚持的要求"。"思"高质量发展，就是要思考：为什么要高质量发展（原因）？高质量发展的方向是什么（目标）？怎样评价高质量发展（标准）？如何实现高质量发展（思路）？这构成了本书中编的内容。

为什么要高质量发展

实现高质量发展，是保持经济社会持续健康发展的必然要求，是适应我国社会主要矛盾变化和全面建设社会主义现代化国家的必然要求。高质量发展是我们当前和今后一个时期确定发展思路、制定经济政策、实施宏观调控的根本要求，必须深刻认识、全面领会、真正落实。

——2017 年 12 月 6 日，习近平总书记在主持召开党外人士座谈会时的讲话

★ 主题解读

中国进入高质量发展阶段

谈起高质量发展，人们首先容易注重经济领域，这是因为改革开放以来我国坚持以经济建设为中心，创造了经济高速增长奇迹。但在经历几十年的高速增长之后，中国经济应该怎么走下去，是近年我国面临的一大课题。特别是，随着我国社会主要矛盾转化为人民日益增长的美好生活需要和不平衡不充分的发展之间的矛盾，过去那种低水平的、粗放式的发展，在各行各业都难以为继了。为此，2017 年，党的十九大报告指出："我国经济已由高速增长阶段转向高质量发展阶段。"2020 年，党的十九届五中全会进一步指出，"我国已转向高质量发展阶段。"三年之间，"高质量发展"的定语，从"我国经济"变成了"我国"。正如习近平总书记指出的，"高质量发展不只是一个经济要求，而是对经济社会发展方方面面的总要求。"因此，党的二十大报告指出，"高质量发展是全面建设社会主义现代化国家的首要任务。"

贯彻创新、协调、绿色、开放、共享的新发展理念，必须推动高质量发展。在"十四五"乃至更长时期，"高质量发展"都是一条总的要求，必须贯彻到经济社会生活的方方面面。这里以经济领域为例，分析为什么要走高质量发展之路。

一、经济高质量发展是我国经济发展进入新时代的客观要求

中国特色社会主义进入新时代，我国经济发展也进入新时代，正处在转变发展方式、优化经济结构、转换增长动力的攻关期。经历 40 多年的改革开放，我国经济的整体面貌发生了根本性、全局性、深层次的历史性变革。

从经济总量看，中国经济再上新台阶。2021年，我国在经济总量和人均水平上双双实现新突破：国内生产总值比上年增长8.1%，在全球主要经济体中名列前茅，经济规模突破110万亿元，达到114.4万亿元，稳居全球第二大经济体；人均GDP突破8万元，达到80976元，按年平均汇率折算达12551美元，超过世界人均GDP水平。

从经济结构看，近几年来，供给侧结构性改革加快了我国的经济结构战略性调整和经济转型升级，产业结构不断优化，需求结构持续改善，新型城镇化稳步推进，区域发展格局优化重塑，收入分配调整加快，发展的协调性和可持续性不断增强，经济向中高端水平持续迈进。

从经济效益看，科技领域取得一批国际领先的重大成果。新兴产业蓬勃兴起，传统产业加快转型升级，大众创业、万众创新热潮涌动，生态环境明显改善。人民获得感、幸福感明显增强，形成了世界上人口最多的中等收入群体。

从经济影响看，经济大国地位进一步确立，"一带一路"倡议得到广泛响应，开放型经济新体制逐步健全，对外贸易、对外投资、外汇储备稳居世界前列，经济大国应有的国际地位正进一步提高。

但是，经济发展到今天，要素条件发生了很大变化，已经不具备高增长的客观条件了，经济的进一步提升面临着资源环境约束、劳动力成本优势逐渐丧失、市场竞争更加激烈、世界新技术革命迅猛发展的巨大压力，同时面临"黑天鹅"现象、"灰犀牛"现象、"木桶"效应等风险，面临能否顺利跨越"中等收入陷阱"的严峻考验。

从发达国家的经验看，中等收入阶段是经济转型期、矛盾凸显期。因此要加快破解长期积累的矛盾和问题，不断加快新旧动能转换，推动我国经济形成从"数量追赶"转向"质量追赶"，从"规模扩张"转向"结构升级"，从"要素驱动"转向"创新驱动"为主的发展模式，实现更有质量和效益的增长，才能使我国经济保持中高速增长，迈向中高端水平。

二、经济高质量发展是适应社会主要矛盾转化的客观要求

党的十九大报告指出："我国社会主要矛盾已经转化为人民日益增长的美好生活需要和不平衡不充分的发展之间的矛盾。"从社会生产看，我国社会生产力水平总体上显著提高，我国的经济实力、科技实力、国防实力、综合国力等大幅提升，已成为世界第二大经济体、最大货物出口国、第二大货物进口国、第二大对外直接投资国、最大外汇储备国、最大旅游市场。但面对新的社会需要，发展不平衡不充分的问题在新时代凸显出来，成为满足人民日益增长的美好生活需要的主要制约因素。正如党的二十大报告指出的，"发展不平衡不充分问题仍然突出，推进高质量发展还有许多卡点瓶颈"。

所谓的发展不平衡，有区域发展不平衡、城乡发展不平衡、供需结构不平衡、群体发展不平衡等。所谓发展不充分，主要指创新能力不够强，发展的能力和水平、质量和效益还需要提高，转变发展方式还处于攻坚阶段，民生领域还有不少短板。

从社会需要看，人民日益增长的美好生活需要表现为：一是人民需要的内涵大大扩展。不仅对物质文化生活提出更高要求，而且从人的全面发展和社会全面进步的角度提出更多要求，比如民主、法治、公平、正义、安全、环境等方面的需要日益增长起来。二是人民需要的层次大大提升。比如期待有更好的教育、更稳定的工作、更满意的收入、更可靠的社会保障、更高水平的医疗卫生服务、更舒适的居住条件、更优美的环境、更丰富的精神文化生活，多样化、个性化、高端化的需求与日俱增。因此发展不平衡不充分是制约人民美好生活需要的主要问题。

解决好这一矛盾，就需要更加平衡更加充分的发展，要以增进人民获得感和幸福感为目标。过去 40 年来行之有效的增长逻辑、增长方式、增长动力、增长结构等都将得到升级，经济发展最终体现为国家经济实力不断增强、企业效益不断提升、居民收入持续增长、生态环境不断改善等方面。

三、经济高质量发展是建成社会主义现代化强国的客观要求

经济现代化是国家现代化的基础，而经济现代化是以经济高质量发展为基础和条件的。未来 30 年，从全面建成小康社会到基本实现现代化，再到全面建成社会主义现代化强国，是新时代中国特色社会主义发展的战略安排。全面提升物质文明、政治文明、精神文明、社会文明、生态文明，建成富强民主文明和谐美丽的社会主义现代化强国，都离不开高质量的发展。高质量发展是强国之本，唯有加快改革，不断增强经济的创新力、竞争力等质量优势，才能为实现"两个一百年"奋斗目标打下坚实基础。

从发展规律看，任何事物都要经历一个从量变到质变的过程。从经济发展看，能够顺利进入高收入国家行列，实现国家现代化的，都是那些实现从量变到质变、从高速增长成功转向高质量发展的国家。20 世纪 60 年代以来，全球 100 多个中等收入经济体中只有十几个成功进入高收入经济体。事实表明，从高速增长成功转向高质量发展的国家才能实现现代化，才能进入高收入经济体。因此从经济大国走向经济强国，不仅要用速度来保持在世界经济中的领先位置，更要用质量来凸显经济发展的品质和价值，以中国经济的高质量发展向世界展示中国"强"形象。

★福建观察

新时代新福建建设必须坚持高质量发展

从经济发展规律看，推动高质量发展是大势所趋。20 世纪 60 年代以来，全球 100 多个中等收入经济体中只有十几个成功进入高收入经济体。事实表明，从高速增长成功转向高质量发展的国家才能实现现代化，才能进入高收入经济体。改革开放 40 多年来，福建经济有了长足发展，但拼资源、拼成本、拼规模的粗放型发展老路也已走到了尽头，现阶段只有通过质的大幅提升才能实现量的有效增长，把主要着力点转向质的提升正当其时。坚持高质量发展正是福建贯彻落实习近平新时代中国特色社会主义思想的具体举措，是遵循经济规律发展的必然要求。

从社会发展规律看，推动高质量发展是民心所盼。经济增长的最终目的是为了造福人民，提高各阶层人民的福祉。当前，人民的生活需要已经转为要追求更高水平更高质量的美好生活的需要，但是，我国社会的发展能力、发展水平还不够高，存在许多不平衡不充分的问题。就福建省而言，居民收入水平与经济发展水平不够匹配、城乡区域之间发展不够平衡、资源环境瓶颈日益收紧等问题仍然存在，这就是发展质量不高的表现。社会主要矛盾的变化决定了党和国家的工作重点尤其是经济工作的重点也要随之变化，解决当前社会的主要矛盾必须推动高质量发展。

从科技变革规律看，推动高质量发展是潮流所向。当前，新一轮科技和产业革命蓄势待发，全球科技创新已进入空前密集活跃的时期，正不断重塑全球创新版图，催生新供给、新产品、新业态、新产业，引发经济运行模式、生产生活方式的重大变革。福建虽然身处改革开放前沿，民营经济比较发达，但科技对经济增长的贡献率还不够高，科学研究和原始创新能力依然不足，关键核心技术仍然受制于人，产业总体还处于全球价值链中低端。只有推动高质量发展，把握新一轮科技革命和产业变革的新特点、新趋势、新机遇，才能赢得发展的主动权。

★福建案例

圣农集团：传统产业走向现代化

福建圣农集团创建于 1983 年，是全国同行业现代化程度最高、规模最大的，集原种研发、饲料加工、种鸡饲养、种蛋孵化、肉鸡饲养、肉鸡加工、食品深加工、产品销售、快餐连锁为一体的全封闭白羽肉鸡全产业链企业。目前，福建圣农控股集团有限公司作为母公司，下辖 20 多家子公司及 1 家上市公司和 1 家新三板挂牌公司，经营范围覆盖农牧、食品、冷链物流、投资、能源环保、兽药疫苗、配套产业七大产业，共有 500 多个生产基地，员工 2.7 万人。

近几年，虽然受到错综复杂的国际国内环境和非洲猪瘟疫情、新冠肺炎疫情、市场、价格等多方因素影响，但我国肉鸡行业消费企稳回升，产量及价格实现双增长，全产业链实现较好盈利收益；全行业发展模式正在从数量增长型向质量效益型转变。特别是圣农集团已率先成功培育出第一代国产祖父母代白羽种鸡苗，预期将降低祖父母代种鸡苗供应短缺的风险并助力我国肉鸡市场实现更稳定的增长。尤其是圣农开展的白羽肉鸡自主育种工作，有望实现我国白羽肉鸡从全靠"引进来"到自给自足，再到"走出去"的重大转变。

"十四五"期间，集团将从全球唯一的配套、完整的白羽肉鸡全产业链企业，转型升级为 10 亿羽白羽肉鸡产业集群。集团产能将由

5 亿羽增加到 10 亿羽，排名由全球第 7 上升到第 3；食品销售由 53 亿增加到 160 亿元；祖代原种鸡产能占国内市场 80%，实现国产替代；打造"数字圣农"；产业集群年产值达 3000 亿元，旗下圣农发展股票市值达 1000 亿元。

高质量发展的方向是什么

"要坚持不懈推动高质量发展，加快转变经济发展方式，加快产业转型升级，加快新旧动能转换，推动经济发展实现量的合理增长和质的稳步提升。

——2020 年 6 月，习近平在宁夏调研时的讲话

★ 主题解读

高质量发展的多维度目标和具体目标

一、高质量发展的多维度目标

高质量发展是经济建设、政治建设、文化建设、社会建设和生态文明建设五位一体协调发展。如果其中一方面的发展是以另一方面的停滞为代价，这种形式的发展就不能称之为高质量发展。例如，牺牲生态环境换来的经济高速发展是不可持续的，这种方式的发展并不能满足人民的美好生活需求，所以不能称之为高质量发展。再如，一味将精力投放在经济建设而忽视文化建设，虽然人民逐渐富裕起来了，但精神文化却十分匮乏，这种物质丰富而精神文化匮乏的状态也不能称之为高质量发展。高质量发展一定是全方位推进，协调发展，不能有"短板"。

高质量发展既要追求绝对目标也要追求相对目标。我们必须要设置一套完善的指标体系来衡量国家或者地区是否达到高质量发展水平，这套指标体系就是高质量发展的绝对目标。这套指标体系从经济增长速度、生态文明水平、资源利用效率、技术创新能力、文化普及程度等方面设置门槛，只有各项指标达到或超过门槛水平，我们才能说该地区达到了高质量发展水平，否则就谈不上高质量发展。但是，我们不能一味追求绝对目标，而忽视相对目标。比如，拿发展中国家来对标发达国家的生态文明建设、社会保障水平以及人均收入水平，这是不可取的。发展中国家很难在短时间内达到这样的水平，所以不能以发达国家的绝对水平来衡量发展中国家的高质量发展水平。如果不顾其他约束条件、不计成本地追求一些过高的目标要求，那么，即使某些方面达到了较高的目标要求，也会因为违背发展规律而为后续埋下更大的发展风险。所以，高质量发展目标要实现绝对和相对的统一。

高质量发展目标既要追求量的合理增长也要追求质的稳步提升。量变是质变的必要准备，质变是量变的必然结果，量变引起质变。所以在推行高质量发展的过程中，量的合理增长是质的稳步提升的重要保障。比如，中高速的经济增长不仅能够推动企业的平稳快速发展，还有助于增加政府对公共基础设施建设，由此提高了人民的收入水平和社会福利水平，这就是一个高质量发展从量变到质变的过程。与此同时，质的稳步提升为量的合理增长提供更好的条件。比如，社会福利的增长和人民生活水平的提高可以增加居民生活幸福感，幸福感的提升营造了一个和谐社会的氛围，而和谐社会促使人民凝聚在一起积极参与中国式现代化建设，这使得社会财富快速积累，即质变为量变提供了良好条件。

二、高质量发展的具体目标

高效的资源配置。高效的资源配置要求投入要素在生产主体之间要快速、合理、准确地分配，不能产生要素分配不均、不合理等问题。高效的资源配置不仅降低了生产成本，还大大提高了产能。

平稳增长的国家经济。"十三五"时期，我国经济发展的显著特征就是进入了新常态。新常态下，我国经济发展的主要特点是增长速度要从高速转向中高速，发展方式要从规模速度型转向质量效率型，我国经济发展走向了平稳发展阶段。平稳增长的经济发展要求国内经济运行不能有大起大落，也不能存在无法调节的产能过剩和供给短缺。

持续不断的技术创新。现代社会的发展构筑在科技发展的基础之上，习近平总书记指出，"创新是引领发展的第一动力。"技术创新推动产业发展，高新技术产业的发展可以提升中国在世界舞台上的核心竞争力。例如，中国在5G技术研发和应用上领先于其他国家，获得了前所未有的引领世界通信技术发展的重大机遇，这无疑大大提升了中国的国际竞争力。

全方位的均衡发展。高质量发展意味着发展过程中不能出现短板项目。"五位一体"总体布局从经济、政治、文化、社会、生态文明五个方面诠释了高质量发展，只有这五个方面均衡协调发展，中国才真正意义上达到了高质量发展水平。

绿色可持续发展。过去以牺牲环境为代价来追求地区经济发展，虽然短时间内提升了经济的发展，但是这种增长是不可持续的，环境的破坏和资源的浪费为未来经济增长埋下了巨大隐患。绿色可持续发展要求我们要在保护环境的前提条件下发展经济，通过技术变革、产业转移等方式发展绿色经济，形成可持续发展态势。例如，国家大力发展新能源汽车就是绿色可持续发展的一项重要举措，新能源汽车不仅满足了人民出行乘坐交通工具的要求，且相比于燃油汽车还更加环保。

更高层次的开放经济。党的十八届五中全会提出："坚持开放发展，必须顺应我国经济深度融入世界经济的趋势，奉行互利共赢的开放战略，发展更高层次的开放型经济，积极参与全球经济治理和公共产品供给，提高我国在全球经济治理中的制度性话语权，构建广泛利益共同体。"只有打开国门搞建设，把一国的发展置于广阔的世界大舞台来谋划，才能获得资金、技术、资源、市场、人才以及机遇等一系列推动发展所必需的条件，才能发挥出中国的比较优势，扬长避短，创造出更多社会财富。

更加公平的成果共享。中国正处于平稳发展阶段，经济发展的"蛋糕"越做越大，如何公平合理进行分配成为当下需要解决的重要问题。合理的收入差距以及城乡区域公共服务水平差距、较高的社会阶层流动性以及丰富的自我发展实现路径将保障社会的公平正义。

★福建观察

奋力打造"六个福建"立体构建高质量发展

2023年福建两会上备受关注的政府工作报告，既总结了过去五年里的"成绩单"，更勾勒了下一个五年的蓝图。报告中提到了"六个福建"——富强福建、创新福建、活力福建、幸福福建、美丽福建、平安福建，为4100万福建人民展开了一幅高质量发展的新画卷。

（一）加快建设现代化经济体系，奋力打造富强福建。经济体系现代化是中国式现代化的重要支撑，是实现高质量发展的必由之路。坚持以推动高质量发展为主题，加快建设现代化产业体系，保证产业体系自主可控和安全可靠。坚定不移把发展经济的着力点放在实体经济上，持续做强万亿级支柱产业，培育壮大战略性新兴产业，改造提升传统优势产业，加快发展现代服务业；全力推动消费扩容提质；全面加强交通、能源、水利等网络型基础设施建设，加快建设世界一流港口和干支结合的机场群，着力构建面向未来的新型基础设施体系，全力打造先进制造业强省、质量强省、交通强省。坚定不移做优做强做大"四大经济"，加快培育更具竞争力的数字经济核心产业体系，加快打造海洋优势产业集聚区和新兴产业集群，加快发展绿色低碳产业，加快建设全域生态旅游省。坚定不移统筹城乡区域发展，全面实施新型城镇化战略，促进大中小城市和小城镇协调发展，落实常住地提供基本公共服务制度，提高农业转移人口市民化质量；全面实施乡村振兴战略，持续开展乡村振兴示范创建，推动老区苏区全面振兴发展，建设宜居宜业和美乡村；全面实施新时代山海协作，高水平打造福州都市圈、厦漳泉都市圈，带动闽东北、闽西南协同发展区建设。坚定不移落实"两个毫不动摇"，传承弘扬、创新发展"晋江经验"，实施新时代民营经济强省战略，从政策和舆论上鼓励支持民营经济和民营企业发展壮大，让民营企业家大胆创新、放心创业、放手创造。

（二）深入实施科教兴省战略，奋力打造创新福建。科技为人类文明进步插上了腾飞翅膀，未来高质量发展的关键仍然在于科技创新。坚持科技是第一生产力、人才是第一资源、创新是第一动力，加快建设高水平创新型省份。以更高标准办好人民满意的教育，全面贯彻党的教育方针，为党育人、为国育才，深化教育领域综合改革，加快建设高质量教育体系，建设全民终身学习的学习型社会；实施职业教育质量提升计划，推动职普融通、产教融合、科教融汇，增强教育服务经济社会发展能力。以更大力度打造科技创新体系，深化科技体制改革，完善多元化科技投入机制；加快建设海峡科技创新中心，建好省创新实验室、省重点实验室、工程研究中心、企业技术中心，推进省属院所优化整合；加大知识产权保护力度，强化原创性引领性科技攻关，增强自主创新能力。以更实举措强化现代化建设人才支撑，深化人才发展体制机制改革，营造识才爱才敬才用才良好环境，精准引进急需紧缺人才，大胆使用青年人才，着力造就拔尖创新人才，让福建成就人才、人才成就福建。

（三）积极服务和融入新发展格局，奋力打造活力福建。福建今天的发展和成绩得益于改革开放，福建未来的前途和希望也一定靠改革开放。坚持以改革促进高水平开放、以开放倒逼深层次改革，加快建设国内国际双循环的重要节点、重要通道。持续深化系统集成改革，协同高效推进"放管服"、要素市场化配置、医改、林改等重点领域和关键环节改革，形成更多具有福建特点的改革成果。持续深化制度型开放，高质量建设海丝核心区，高标准打造金砖创新基地，高水平推进自贸试验区扩区提质，积极探索实施部分自由贸易港政策，提升贸易投资合作水平，加快建设开放强省、贸易强省、引资大省。持续深化闽台融合发展，始终尊重、关爱、造福台湾同胞，建好海峡两岸融合发展示范区，打造台胞台企登陆的第一家园，促进祖国统一大业。持续深化闽港闽澳合作，深入实施回归工程，引侨资、聚侨力、汇侨智，吸引更多海外侨胞投身家乡建设。

（四）扎实推进共同富裕，奋力打造幸福福建。一枝独秀不是春，百花齐放春满园。多行利民之举，办好惠民实事，不断实现人民对美好生活的向往。健全与经济增长相适应的居民收入增长机制，增加低收入者收入，扩大中等收入群体，保护合法收入，调节过高收入，取缔非法收入。健全就业公共服务体系，促进重点群体就业，帮扶困难群体就业，支持创业带动就业、多渠道灵活就业，稳定和扩大就业容量。健全多层次社会保障体系，扩大社会保险覆盖面，完善基本养老、基本医疗保险筹资和待遇调整机制，加强分层分类社会救助，提高养老托育、社会优抚、医疗卫生、住房保障等服务供给质量。健全生育支持政策及配套措施，实施好妇女、儿童发展纲要，推进儿童友好城市、青年发展型城市创建，加强未成年人保护，发展早期教育，落实渐进式延迟法定退休年龄政策，积极应对人口老龄化少子化。健全现代公共文化服务体系，繁荣发展文化事业和文化产业；广泛践行社会主义核心价值观，统筹推动文明培育、文明实践、文明创建。

（五）全面深化生态文明建设，奋力打造美丽福建。绿色是福建发展的鲜明底色，也是福建人民引以为傲的靓丽名片。坚持尊重自然、顺应自然、保护自然，持续协同推进降碳、减污、扩绿、增长，建设美丽中国示范省，让绿水青山永远成为福建的骄傲。全力推动绿色低碳循环发展，落实全面节约战略，落实碳排放总量和强度"双控"制度，分步骤分领域分行业推进碳达峰行动。全力打好污染防治攻坚战，保持力度、延伸深度、拓宽广度，建设美丽城市、美丽乡村、美丽河湖、美丽海湾、美丽园区。全力抓好山水林田湖草沙一体化保护和系统治理，完善以国家公园为主体的自然保护地体系，提升生态系统多样性、稳定性、持续性。全力推进生态文明治理体系改革创新，探索完善生态产品价值实现机制，深化生态保护补偿等制度改革。

（六）着力提升社会治理效能，奋力打造平安福建。治理好则社会稳，社会稳则发展兴。坚持以新安全格局保障新发展格局，加快构建高水平法治和安全体系，全力以赴防风险、保安全、护稳定、促发展。全面贯彻总体国家安全观，坚决维护国家政权安全、制度安全、意识形态安全，确保粮食、能源资源、金融、网络、重要产业链供应链安全。全面加强重大疫情防控救治体系和应急管理体系建设，推动公共安全治理模式向事前预防转变，坚决遏制重特大事故，提高防灾减灾救灾和重大突发公共事件处置保障能力，防范化解重大风险。全面建设法治强省，一体建设法治福建、法治政府、法治社会，加快推进科学立法、严格执法、公正司法、全民守法，积极营造办事依法、遇事找法、解决问题用法、化解矛盾靠法的法治环境。全面加快市域社会治理现代化，完善网格化管理、精细化服务、信息化支撑，建设人人有责、人人尽责、人人享有的社会治理共同体。

★福建案例

中国扶贫第一村的华丽蜕变

1984年6月24日，《人民日报》头版刊登了一封读者来信——《穷山村希望实行特殊政策治穷致富》，反映福建省宁德地区福鼎县磻溪镇赤溪村的贫困状况，并配发评论员文章《关怀贫困地区》。这场来自闽东山区的"蝴蝶效应"，引起党中央高度重视。当年9月，党中央、国务院发出《关于帮助贫困地区尽快改变面貌的通知》，新时期扶贫开发工作就此启幕。

"昔日特困下山溪，山高路险鸟迹稀；早出挑柴换油盐，晚归家门日落西。"这首赤溪村民谣，生动地反映了"中国扶贫第一村"昔日的贫困状况。要脱贫就要换血除根，而根治贫困痼疾绝没有包治百病的"神药"，唯有对症下药的"良方"。精准扶贫的深意正在于此。

赤溪村的脱贫发展就是依托当地特色资源，做好做精产业发展文章。为增强村子造血功能、长久帮助村民脱贫增收，赤溪村放弃"输血"转为"造血"，依托白茶产业和生态旅游资源优势，初步形成了以茶叶、乡村旅游为核心的产业格局，探索出一条因地制宜的发展之路。30多年间，赤溪村不断转变思维、创新方式方法，以"造血式"长效扶贫机制，改变了贫弱的命运。

怎样评价高质量发展

推动高质量发展是我们当前和今后一个时期确定发展思路、制定经济政策、实施宏观调控的根本要求，必须加快形成推动高质量发展的指标体系、政策体系、标准体系、统计体系、绩效评价、政绩考核，创建和完善制度环境，推动我国经济在实现高质量发展上不断取得新进展。

——2017 年 12 月 18 日，习近平总书记在中央经济工作会议上的讲话

★ 主题解读

高质量发展的评判标准

在经济发展的早期阶段，经济增长数量是我们主要追求的指标，也正是在这种追求增长的过程中，出现了很多经济增长以外的问题，比如资源短缺、环境破坏、社会经济结构失衡、收入分配不公等问题，这些问题也进一步影响到了人民群众的生活水平和质量，因此在经过高速的经济发展后，我们要转向高质量发展。

高质量发展是我国经济发展过程中的升级版，其基本要求是以较低的生产要素投入，通过高效率的资源配置，最后产生经济社会高效益的质量型经济发展模式。高质量的发展是以实体经济发展为核心、以科技创新、现代金融、人力资本协同发展的产业体系为基础，共建一个市场机制有效、微观主体有活力、宏观调控有度的经济体制。

要实现高质量发展，就离不开高质量发展标准体系的构建，这

样才能够对经济发展的水平和质量进行多维度且科学地衡量，从而更好地发现经济发展过程中仍然存在的问题和缺陷。关于高质量发展的评判标准可以从指标构成、政策标准、统计标准、绩效评价、政绩考核来审视。

一、高质量发展的指标构成

推动高质量发展，首先要构建评价高质量发展的指标体系，只有这样才能更加科学地对经济发展水平进行多维度衡量，并找出我国当下经济高质量发展所存在的缺陷和面临的问题。过去，衡量经济发展主要通过速度指标体系、总量指标体系、财务指标体系等方面来实现，但对于高质量发展而言，这些指标相对比较片面，缺乏整体性和全局观。

高质量的发展要求其评价指标应该更多地以质量效益来考核。对于经济发展状况，可以通过工业增加值率、企业杠杆率、有效投资率、产能利用率等几个方面进行评价，从而更好地反映价值链分工、经济发展结构、劳动者报酬及投入产出的比率。在评价时应更加重视民生事业发展和资源环境改善情况，就业、收入、消费、生态环境等指标的重要性不断提升，并从长期与短期、宏观与微观、总量与结构、全局与局部、经济发展与社会发展等多个维度探讨高质量发展指标体系的构建。

二、高质量发展的政策标准

推动高质量发展要明确其政策体系，在宏观政策层面上要做到尊重市场、尊重规律、尊重趋势。当前我国市场还存在着低水平竞争、集中度不足的现象，部分中小企业发展质量还不高，同时部分行业存在着扭曲市场机制的垄断现象，这都需要通过政策体系的建立去规范和引导，从而实现高质量的发展。

高质量发展的政策体系要把数量型政策与质量型政策相结合，长期政策与短期政策相结合，把正向引导与负向约束相结合，运用负面清单制度来引导高质量的发展，从完善宏观政策、产业政策、微观政策、改革政策、社会政策等多个方面健全更高质量发展的政策体系。

在宏观政策中要把握好经济发展的基调与大方向，在发挥财政政策、金融政策等数量型政策的基础上，更加重视人力资本政策、技术创新政策等质量型政策的作用。在产业政策中落实对行业的指导与帮扶，积极引导战略性新兴产业的发展和传统产业的改造升级。在微观政策上加强对企业的激励提升其竞争力，在社会政策上给予民生更多的关注。同时政策体系的核心在于有效的协调竞争政策与产业政策，即以竞争政策为基础，通过建立和维护竞争秩序来保护市场机制的有效运行，从而通过产业政策来促进产业结构的高级化。

此外，高质量的政策体系要求政府更多地把政策重点倾注在培育科技创新上，并以此促进战略性新兴产业发展与传统产业升级转型相结合，达到传统制造业与互联网的深度融合，即两化融合，以信息化为支撑促进经济高质量发展。同时高质量发展的政策体系还要求政府通过出台一系列政策文件去加强知识产权的保护和管理，抑制以降低质量为代价的恶性竞争。

三、高质量发展的统计标准

统计数据工作有助于我们对经济社会发展的现状进行科学搜集、整理和分析，从而全面科学地反映经济高质量发展的状态与新进展，为我们的决策提供帮助。

进入中国特色社会主义新时代，中国经济从高速增长阶段转向高质量发展阶段，这就要求加强统计制度的改革与创新，加快对经济发展中的新动能、新经济的统计制度以及统计方法的建立，对经济发展中的不平衡、不充分实施动态监测。充分利用大数据、互联网、云计算等新兴技术来提高统计生产力，变革统计生产流程，提高统计效率，提高数据质量。在统计对象方面，高速增长的统计多以企业为主，高质量发展应更多关注人的统计，比如就业、失业、居民消费行为等方面。因为高质量的发展应该是经济效益、社会效益和生态效益的统一，传统统计体系下仅以 GDP 论英雄，只关注经济效益的模式是不健全的。

人民的幸福生活才是高质量发展所追求的终极目标，因而除去经济指标，也应将生态环境、城市基建、医疗保健、教育与养老等问题纳入高质量发展的统计体系中。只有这样，高质量发展才能实现立体、多样和以人为本。

此外，由于传统的统计信息难以突破部门的限制进行多部门互联共享，容易形成信息孤岛。高质量发展统计体系的建立要重点解决这一问题，实现统计体系的共建共享，这有助于各部门对形势进行全面了解并以此做出统一的科学的判断。

四、高质量发展的绩效评价

绩效评价是指通过量化指标和评价标准，采取一定的评价方法，对高质量发展目标的完成度和为实现这一目标所进行的项目措施成果所进行的一种科学的综合性评价。

高质量发展下的绩效评价就是对其完成程度及投入与效益进行的结果分析，追求这一效益意味着我们要在一定程度上淡化对经济增长速度和数量的追求，而重视质量与效益的提升，更加重视经济建设与社会建设、生态建设的协同发展。

高质量发展绩效评价要从四个方面来考核：一是经济增长速度，具体表现为较高的资本产出效率、劳动生产率、全要素生产率等，这也是我们对经济增长速度进行科学评价的主要方向；二是经济结构，高质量发展阶段的知识技术密集型产业比重相对于高速增长阶段有显著提升，同时在这一阶段我国的产业与产品在国际分工中应处于较高分工地位；三是创新成果质量，它是绩效评价的核心与关键，重点关注代表高质量专利的三方专利所占比重，国际论文引用数等；四是经济可续性，高质量的经济应当是健康可持续的，不能仅关注眼前的利益，应从可持续性出发，注重单位 GDP 能耗、污染物排放量、PM2.5 及城市优良空气比率等方面的绩效。

五、高质量发展的政绩考核

经济发展的高质量不能仅依靠市场的作用，还需依靠政策进行联动调节。而为了防止宏观调控所出现的寻租设租和政策失灵等问题，就需要建立一套合理的政绩考核体系来规范顶层设计。

高质量发展的政绩考核指标要求我们弱化速度指标，坚持质量第一、效益优先，切实破除唯 GDP 论，完善干部考核评价体系，把质量提高、民生改善、社会进步、生态效益提升等指标和实绩作为重要考核内容。对于限制开发区域，不再一味地考核地区生产总值，减轻其总量压力，以防地方政府在经济建设时为追求经济总量而忽视了经济发展的可持续。

由于政策的不稳定也是抑制经济高质量发展的成因之一，故应引导地方政府和干部树立正确的政绩观，克服政策设计中的短视性，从长期出发进行经济社会发展规划，并建立政策决定的终身负责制，运用法律和政策制度进行监督使得政策决定更加慎重，从而更有效地实现经济调控措施的软着陆，进一步发挥政策的理论前瞻性和现实指导性。

总而言之，科学合理的政绩考核体系既要看发展又要看基础，既要看显绩又看潜绩，特别是要把民生改善、社会进步、生态效益提升等指标和实绩作为高质量发展考核的重要内容。当然，高质量发展的政绩考核体系要有效发挥作用，关键在于落实，因此，需要各地区各部门把思想统一到高质量发展要求上来，改进考核方式，完善考核结果运用，为经济发展提供有效机制和制度导向。

★**福建观察**

福建这十年：高质量发展谱新篇

党的十八大以来，福建省地区生产总值连跨 3 个万亿元台阶，年均增长 8.1%，2021 年达 4.88 万亿元，从全国第 11 位提升到第 8 位；全省一般公共预算总收入连跨 3 个千亿元台阶，年均增长 7.4%，2021 年达 5744 亿元，是财政净上缴省份；全省居民人均可支配收入连跨 3 个万元台阶，年均增长 8.5%，2021 年达 40659 元，居全国第 7 位。

在创新发展方面，福建大力推进科技创新，加强创新型省份建设。全省研发投入增长 2.1 倍，年均增长 15.2%。国家高新技术企业增长 4.8 倍、2021 年超 8900 家，高技术产业增加值占规上工业增加值比重从 9.4% 提高到 15.3%，车载智慧玻璃、锂离子动力电池技术达到国际领先水平。实体经济成为福建发展的鲜明特色，制造业增加值占地区生产总值比重达 34.2%，比全国高 6.8 个百分点，超千亿产业集群达 21 个。福建做大做强做优数字经济、海洋经济、绿色经济、文旅经济，2021 年数字经济增加值超 2.3 万亿元，占地区生产总值比重 47.6%，海洋生产总值超 1.1 万亿元，清洁能源产业发展迅速、居全国前列。福建是杂交水稻制种第一大省，满足全国四分之一用种需求，自主培育的白羽种鸡打破国外肉鸡种源垄断，大黄鱼、鲍鱼等海产品培育养殖技术全国领先。如今的福建，发展动能更加强劲，发展气象欣欣向荣，已成为创新的热土、创业的沃土、创造的乐土。

在协调发展方面，福建的城乡区域发展更加均衡。福建积极推进福州都市圈建设、厦漳泉一体化发展，福州、泉州成为万亿级城市，城市融合、城乡融合、产城融合发展态势初步形成。全省城镇化率69.7%，高于全国5个百分点。福建在全国率先实现市通高铁、县通高速、镇通干线、村通客车。厦门、福州等港口跨入亿吨港行列，全省6个民航机场开通国内航线394条，通达136个城市。福建的老区苏区加快发展，当地居民收入增长快于全省平均水平和经济增长。全省提前完成脱贫攻坚任务，加快推进乡村振兴，昔日贫困山村变成幸福美丽乡村。如今的福建，工业化城镇化、区域协调发展走在全国前列，山海协奏交响曲，城乡共绘一幅画。

在绿色发展方面，福建的生态省建设持续深化。福建牢记"青山绿水是无价之宝"，努力建设好全国首个国家生态文明试验区，坚决打好污染防治攻坚战，推动经济发展和生态环境保护相协调、相促进。全省单位地区生产总值能耗持续降低，劳动生产率持续提升，以约占全国3%的人口、1.3%的土地、2.9%的能耗，创造了全国4.3%的经济总量。武夷山成为我国首批国家公园，长汀经验成为世界生态修复的典型，木兰溪治理成为新中国水利变害为利、造福人民的范例。福建省的城市空气质量优良天数比例99.2%（也就是全年365天，优良天气超过362天），12条主要流域优良水质比例97.3%，森林覆盖率66.8%、连续43年保持全国第1位。如今的福建，天更蓝了、山更绿了、水更清了，清新绿色已成为福建百姓引以为豪的亮丽名片。

在开放发展方面，福建的合作领域广泛深入。福建发扬敢为天下先、敢拼会赢的精神，发挥区位和政策叠加优势，加快建设自贸试验区、海丝核心区，努力打造国内国际双循环的重要节点、重要通道，市场化法治化国际化便利化的营商环境持续优化。厦门成为金砖国家新工业革命伙伴关系创新基地。2021 年全省进出口总额达 1.84 万亿元，居全国第 5 位，比 2012 年增长 87.4%，与"一带一路"沿线国家和地区贸易额年均增长 8.4%。福建与兄弟省份和港澳交流合作更加紧密。如今的福建，商贸联系覆盖全国，交流合作遍及全球，买全球、卖全球正在成为现实。

在共享发展方面，福建人民生活品质不断提高。福建省名有"福"，饱含福建人民对幸福生活的期盼和追求。福建坚持把人民群众对美好生活的向往作为奋斗目标，扎实为民办好实事，努力为全省人民造福添福。2021 年，全省人口 4187 万人，十年增长 346 万人；城镇就业人数 2206 万人，十年增加超 500 万人；城镇居民人均收入 5.1 万元，居全国第 7 位，农村居民人均收入 2.3 万元，居全国第 6 位。300 万居民通过保障房、棚改房解决了住房困难。养老保险、医疗保险等社会保障体系建设加快推进。教育支出是全省财政第一大支出，年均增长 8%，在全国率先实现所有县义务教育发展达到基本均衡要求，2021 年高等教育毛入学率 59.2%，十年提高 25 个百分点。全省居民平均寿命 78.8 岁，婴儿死亡率 2.3‰，公立医院综合改革绩效连续 6 年位居全国前列，三明医改经验在全国推广。公共文化服务更加普及，自然和历史文化遗产保护不断加强，社会治理持续完善，平安建设走在全国前列。如今的福建，群众安居乐业，生活品质更高，获得感幸福感安全感更加充实。

★福建案例

福建取消 34 个县市 GDP 考核

近年来，随着城镇化的快速推进，城市人口的快速增加，生态环境隐患也在进一步加大，加强生态环境保护在城镇化的发展过程中具有重要意义。《国家新型城镇化规划（2014—2020）》提出，完善推动城镇化绿色循环低碳发展的体制机制，形成节约资源和保护环境的空间格局、产业结构、生产方式和生活方式。在城镇化政绩考核方面，明确要求建立生态文明考核评价机制。把资源消耗、环境损害、生态效益纳入城镇化发展评价体系，完善体现生态文明要求的目标体系、考核办法、奖惩机制。对限制开发区域和生态脆弱的国家扶贫开发工作重点县取消地区生产总值考核。

福建省据此取消对34个县市的地区生产总值考核，实行生态保护优先和农业优先的绩效考评方式。

福建取消GDP考核的34个县（市）中，属农产品主产区的22个县（市）分别为：福州闽清县，漳州长泰县、南靖县、平和县，三明宁化县、尤溪县、将乐县、明溪县、建宁县、清流县，龙岩漳平市、长汀县、上杭县、武平县、连城县，南平建瓯市、顺昌县、浦城县、松溪县、光泽县、政和，宁德古田县。

福建取消GDP考核的34个县（市）中，属重点生态功能区的12个县（市）分别为：福州永泰县，漳州华安县，泉州安溪县、德化县、永春县，三明泰宁县、大田县，南平武夷山市，宁德屏南县、寿宁县、周宁县、柘荣县。

取消对限制开发区域的GDP考核，并非不要GDP，而是不再考核其GDP总量。同时会对GDP进行细化，根据当地实际情况调整GDP的权重，增加对绿色GDP部分的考核。

如何实现高质量发展

要增强信心、保持定力、坚定底气，统筹国内国际两个大局，坚持稳中求进工作总基调，促进经济持续健康发展。既要看到经济运行中的困难和问题，又要看到我国经济长期向好的趋势没有变，

73

坚定不移深化供给侧结构性改革，培育新的经济增长点，扎扎实实推动经济高质量发展。

——2019 年 7 月，习近平总书记在党外人士座谈会上的讲话

★ 主题解读

高质量发展是一个系统工程

要实现高质量发展，必须以产业体系改革为着力点，以科技创新为驱动力，以人的全面发展为落脚点，以先进制度为重要保障。

一、以产业体系改革为着力点

高质量发展的核心在于产业的转型升级，目前我国产业结构层次较低，产业发展水平不高，产业集中度低等是发展过程中遇到的典型问题。解决这些问题是实现经济社会高质量发展的必由之路，也是高质量发展的本质所在。实现产业转型升级要求我们必须构建现代化的产业体系，加快产业结构优化，淘汰落后产能，赋能传统产能，发展高附加值产能。

在改造提升传统产业方面，要利用信息产业的优势，推动信息技术与传统产业的深度融合，要提升传统行业在研发生产销售流程中的管理水平，变粗放式经营为集约式经营。在培育战略新兴产业方面，要重视创新驱动的作用，协调市场与政府的关系，发挥我国市场优势，调动市场主体积极性，推动产学研深度融合。在发展现代服务业方面，要提高服务业的质量和比重，着力发展现代物流、电子商务、科研设计、金融会计等生产性服务业，以及旅游、健身、养老、家政等生活性服务业。

企业要从原料供应、制造、组装等低附加价值的劳动密集型环

节向产品设计、研发、创新等高附加价值的知识、技术、管理密集型环节延伸。因为这些核心环节囊括了整个产业的大部分利润，设计、研发、创新等环节产生的经济效益要远大于原料、制造、组装等环节；而且核心环节由于技术壁垒的存在，不容易被替代，而原料生产、制造、组装等环节技术含量不高，在产业链整体中缺乏话语权，依附于核心环节存在，更容易受到外部环境影响。我国多数产业仍处在产业链的低端水平，必须不断延伸乃至掌控产业链核心环节，才能保证我国的产业和经济具有足够强的竞争力和安全性。

二、以科技创新为驱动力

实现高质量发展，科技创新是最根本的动力。创新在历史上曾有过不同的内涵，最早提及当属熊彼特在他的著作《经济发展概论》中，他认为创新是对生产要素和生产条件进行新的组合，从而在要素和条件总量不变的情形下，提升生产水平。而随着历史的发展，科学技术在推动生产力发展过程中的地位愈加凸显，尤其是近年来信息技术、生物技术、能源技术、环境科学技术等对于产业企业的革新和重塑，使得科技发展之于创新的重要性越来越被认识到，创新这一概念也由纯粹的经济学概念演化为科技概念，创新愈加被理解为科技创新。现在看来，科技创新不仅指科学技术本身的发展和进步，更是要求将科技成果运用于生产生活中，推动生产体系的变革和生活水平的提高。

科技创新对于我国的高质量发展尤其重要，要提升产业发展水平，改变人民生活方式，都离不开科技创新，自改革开放以来，我国经济的发展主要靠要素驱动和投资驱动，但随着经济增长达到一定的阶段，过去驱动经济增长的因素逐渐乏力，要维持稳定的增长必须寻找新的动力。根据发展经济学的理论，一个国家或者一个地区在经济转型发展的过程中，创新驱动是必经阶段，创新尤其是科技创新能够为企业和产业带来更加持久的竞争力。从宏观层面讲，科技创新可以为供给体系改革的重大技术问题形成突破，可以提供国家和区域的技术创新平台，为高质量发展提供源源不断的动力支持；从微观层面讲，科技创新可以促进企业研发新产品，采用新材料，创新经营模式，提高管理水平和技术壁垒，增强企业市场竞争力，可以从衣食住行全方面地改变人民的生活方式，提供更便捷高效的模式。

近年来国家对于科技创新的重视是空前的，但是要让我国成长为创新强国其过程无疑也是艰辛的。首先，我们要用好市场的力量，通过技术改进，能够减少资源使用量，降低成本，提升产品价值，这些创新带来的巨大收益对于市场主体具有强大的吸引力；同时我们也要注意到在自由市场中也存在着很多的不公平现象，比如不同产权的企业在行业准入、融资等方面仍然面临着不平等的待遇，一些勇于创新的先驱企业其创新成果也难以得到妥善的保护，这就需要依靠政府的力量，弥补市场失灵的缺陷。其次，我们要搭建全国性和区域的创新驱动平台，包括产业集群平台、公共服务平台、科技创新投融资平台等，利用这些载体，聚集创新要素，为科技创新提供资源和条件，促进科技创新的成果及时顺利转化。最后，我们要完善创新创业机制，包括创新评价机制、创新人才培育机制、创新成果激励保障机制，通过相关健全的机制，使得创新动力源源不断，创新氛围连绵不绝。

三、以人的全面发展为落脚点

目前我国社会主要矛盾已经转化为人民日益增长的美好生活需要和不平衡不充分的发展之间的矛盾，高质量发展究其本质，也应当以满足人民对美好生活的需求，实现人的全面发展为宗旨。因此，在实现高质量发展的过程中，就应当把经济发展和提升人民生活水平有机结合起来，这将为我们如何实现高质量发展提供一些方向性的思考。

首先要提升人民在经济社会发展过程中的获得感、幸福感、安全感，使得发展带来的成果可以真正地惠及最广大的人民群众。全社会共享的发展才是高质量的，这需要在教育、社保、住房、就业等切实关乎民生的问题上下功夫，对相关领域持续深化改革。教育方面要加强高质量教育体系的建设力度，提升学校教书育人能力，重视青少年综合素质培养和发展，增强职业技术教育适应性，深化产研结合，提高教育质量等；社保方面要完善多层次体系，健全基本养老、基本医疗保险筹资和待遇调整机制，推动基本医疗保险、失业保险、工伤保险省级统筹；住房方面要坚持"房住不炒"的房地产调控政策；就业方面要扩大就业容量，提升就业质量，促进充分就业，保障劳动者待遇和权益。

其次要坚持深化分配制度改革，提升按劳分配在初次分配中的比重，增加劳动者薪酬，提高劳动者生活水平。同时要完善以税收、社保等为主要内容的再分配调节机制，逐步缩小收入差距，使经济发展成果更公平地惠及全体人民。通过对分配制度的改革和完善，不仅能够切实增加以中低收入群体为代表的大多数人民群众的可支配收入，实现人民生活水平提高的发展目的本身，而且由于这部分群体的消费潜能一直被压抑，收入提高必然能够释放这部分潜能，推动社会整体内需，为产业升级，经济增长提供助力，形成高质量发展的良性循环。

最后要调动人们推动高质量发展的积极性。在高质量发展中尊重劳动、尊重知识、尊重人才、尊重创造，把人的发展放在高质量发展的核心位置。同时要鼓励创新、激励探索，推动大众创业、万众创新，在高质量发展中最大限度地调动人民群众的积极性、主动性、创造性，激发人的创造潜能，依靠人的全面发展激发人们推动高质量发展的积极性。

四、以先进制度为重要保障

现代化的制度体系对于高质量发展的实现具有重要意义，它是经济发展的重要内生变量，能够对经济起到激励和约束的调控作用，保持市场秩序，防止混乱和危机。经济基础决定上层建筑，上层建筑反作用于经济基础。只有合适合理的制度，才能有效促进经济的发展，促进生产力的提高。

在向高质量发展的转变过程中，我们要重视制度的深化改革，通过对制度的不断变革来适应经济的发展。例如，要深化产权制度改革，明晰企业的权责利关系，通过产权的激励效用协调好各种利益关系，建立质量效益型激励，为高质量发展提供有利的激励导向。又如，要大力促进企业制度创新，推动企业发展模式从规模扩张转向以质量为第一增长动力，提高企业的创新水平和管理质量，以企业制度创新促进管理方式升级、研发升级、人力资本升级、产品升级。

当然，在制定规章制度的同时，要注意协调市场和政府的关系，一方面要尊重市场规律，利用市场竞争，以便更好地对资源进行有效配置；另一方面也要积极发挥政府的职能，与市场相辅相成，优势互补。

★福建观察

落实"四个更大"重要要求，推进福建高质量发展

党的十八大以来，习近平总书记多次亲临福建考察指导，多次对福建工作作出重要指示批示。2021年3月，习近平总书记再次亲临福建考察，明确提出"在加快建设现代化经济体系上取得更大进

步，在服务和融入新发展格局上展现更大作为，在探索海峡两岸融合发展新路上迈出更大步伐，在创造高品质生活上实现更大突破"的"四个更大"重要要求，为福建高质量发展进一步指明了前进方向，提供了根本遵循。

奋力在加快建设现代化经济体系上取得更大进步。要实施五大行动，即全社会研发投入提升行动、创新平台建设行动、创新主体孵化行动、体制机制创新行动以及创新人才培育行动，坚持创新在现代化建设全局中的核心地位，积极鼓励支持创新，促进产业链供应链水平提升，持续增强经济创新力和竞争力，高水平建设创新型省份。要做足四篇文章，即大力发展数字经济、海洋经济、绿色经济和文旅经济，构建多元发展、多点支撑产业格局，高起点激发经济新动能，为高质量发展培育新的增长极。要持续推动产业转型升级，高质量构建现代产业体系，实现一产稳、二产进、三产优。要坚持"两个毫不动摇"，高效能培优民营经济，把民营企业家当作自己人，持续传承弘扬、创新发展"晋江经验"，支持民营经济高质量发展、民营企业做大做强。

奋力在服务和融入新发展格局上展现更大作为。要坚持系统观念，找准在服务和融入构建新发展格局中的定位，建设更高水平开放型经济新体制。要用好党中央赋予福建的"多区叠加"政策，用好两个市场、两种资源，加快构建国内国际双循环的重要节点、重要通道。坚持改革不停顿，发扬"敢为人先、爱拼会赢"精神，努力形成更多福建样板。坚持开放不止步，发挥独特的区位发展优势，持续拓展发展新空间。坚持投资消费一体发力，坚定实施扩大内需战略，积极融入国内大循环。

奋力在探索海峡两岸融合发展新路上迈出更大步伐。福建与台湾有割不断的血脉亲情，促进闽台融合发展是福建首要的"国之大者"，也是服务祖国统一大业的责任担当。福建要发挥优势，加大先行先试力度，勇于探索海峡两岸融合发展新路，加快建设台胞台企登陆的第一家园。要更大力度以通促融，坚持应通尽通，加快建设海峡两岸融合发展示范区；更大力度以惠促融，坚持"非禁即享"，推进各项惠台政策落地；更大力度以情促融。坚持亲情乡情延续，促进两岸同胞心灵契合。

奋力在创造高品质生活上实现更大突破。在整个发展过程中都要注重民生、保障民生、改善民生，让改革发展成果更多更公平惠及广大人民群众，促进共同富裕。必须坚持以人民为中心的发展思想，统筹推进经济发展和民生保障，尽力而为、量力而行，脚踏实地、久久为功，继续把实事办好、好事办实，努力让人民更富足、让城乡更宜居、让生态更优美、让保障更有力、让群众更安全。

★福建案例

厦门营商环境排名全国第二

国家发改委 2018 年 8 月 28 日发布中国首个城市营商环境评价体系。中国城市营商环境评价体系涉及企业日常运行、企业选址、融资等多个方面，包括 23 个一级指标，从衡量企业全生命周期、反映城市投资吸引力、体现城市高质量发展水平三个维度对城市的营商环境进行全面的评价。

国家发展改革委根据该评价体系，从东部、中部、西部和东北地区分别选了 22 个城市来进行试评价，北京、厦门和上海的营商环境位居前三名。

厦门在这一颇具含金量的竞争力评价中能够脱颖而出，比肩京沪，缘于厦门坚持以改革的办法，有效解决营商环境建设中的重难点问题。厦门首创"五个一"工程建设项目审批管理体系，这一体系被国务院认可并作为标准在全国推广；率先建设国际贸易"单一窗口"平台，通过该平台报关比例达 97%，报检比例达 100%，服务企业 1.5 万多家，年单证处理量破 3000 万票，被商务部推荐为全国自贸试验区最佳实践案例。

厦门还聚焦市场主体反映强烈的一些"堵点"问题，打通便民服务"最后一公里"，大力推进审批服务"马上办、网上办、就近办、一次办"，全面深化"一趟不用跑"和"最多跑一趟"改革。截至目前，2016 项审批服务事项实现网上预审、网上办理，占全部审批服务事项的 97.8%，其中 264 个实现全流程网上审批，362 个实现全城通办，让"数据跑路"取代"群众跑腿"。

厦门市委市政府将打造国际一流营商环境作为改革创新的重点任务、提升城市竞争力的重要抓手，几年来，厦门营商环境水平显著提升，营商环境三个维度的测评全面领先，不断开创厦门高质量发展新局面。

下编："行"高质量发展

《福建省"十四五"规划和2035年远景目标纲要》明确指出："'十四五'时期是福建全方位推动高质量发展超越的重大战略机遇期。"我们要立足新发展阶段，贯彻新发展理念，积极服务并深度融入新发展格局，扎实做好"六稳"（稳就业、稳金融、稳外贸、稳外资、稳投资、稳预期）工作、全面落实"六保"（保居民就业、保基本民生、保市场主体、保粮食能源安全、保产业链供应链稳定、保基层运转）任务，努力在全方位推动高质量发展超越上迈出新步伐。"行"高质量发展，从宏观层面来看，涉及产业、区域、城乡的高质量发展问题；从微观层面看，涉及企业、政府、家庭的高质量发展问题。本书下编将从这六个方面就践行高质量发展进行探讨。

产业的高质量发展

推动经济高质量发展，要把重点放在推动产业结构转型升级上，把实体经济做实做强做优。要立足优势、挖掘潜力、扬长补短，努力改变传统产业多新兴产业少、低端产业多高端产业少、资源型产业多高附加值产业少、劳动密集型产业多资本科技密集型产业少的状况，构建多元发展、多极支撑的现代产业新体系，形成优势突出、结构合理、创新驱动、区域协调、城乡一体的发展新格局。

——2018年3月5日，习近平总书记参加十三届全国人大二次会议内蒙古代表团审议时的讲话

★ 主题解读

产业赋能高质量发展

一、改革开放以来产业结构不断优化

改革开放40多年来，我国快速跃升为世界第二大经济体和第一大货物贸易国，这些举世瞩目的伟大成就与我国产业发展密切相关，尤其是不同行业的快速发展，使我国由一个农业大国转变为世界第一工业大国、第一制造大国，并触发世界竞争格局和全球分工体系的深刻变革。

1978年三次产业结构占比为0.28∶0.48∶0.24，第三产业落后于第一产业与第二产业，随着改革开放带来的工业化快速发展，2000年三次产业结构占比调整到0.14∶0.46∶0.40。其中，改革开放初期，家庭联产承包责任制为农业发展带来了红利效应，农业劳动生产率从1978年的359元/人快速增长到1985年的816元/人，在1982年达到农业占比高峰32.8%。此后，随着工业化的不断深入，农业占比逐步下降，2000年降至14%。

为了矫正计划经济时期重工业优先发展的失衡战略，形成了以满足人民基本生活需求的纺织、服装、食品等轻工业为主导的工业发展，轻工业在工业中的占比从1978年的43%跃升到1981年的50%。第三产业则随着市场的不断开放得到快速发展，公有制为主、多种所有制共同发展的定位，促进以第三产业中商业、饮食、居民服务、交通运输等为核心的私营企业遍地开花，大型连锁经营等新业态得到快速发展。2001年加入WTO为产业发展带来了全球化红利，世界大门的打开使中国快速变身世界工厂，加速工业化与服务业的共同发展，服务业就业人数在 2011 年首次超过第一产业，而产业占比在 2012 年首次超过第二产业，成为经济增长的助推器、吸纳就业的稳定器。

截至 2021 年，国内生产总值的第一产业增加值占 GDP 比重为 7.3%，第二产业增加值比重为 39.4%，第三产业增加值比重为 53.3%。三次产业的比重变化为第三产业在逐年上升，第二产业比重较为平稳，第一产业的占比有逐年缩小趋势。

二、产业高质量发展急需解决的问题

(一) 供给结构不尽合理

一是产业内部结构失衡。制造业大而不强，部分行业产能过剩，高技术产业和消费升级相关制造业的增长基础不稳固，高品质、个性化、高复杂性、高附加值的产品供给能力不足；服务业整体层次和发展水平偏低，高品质生活性服务、技术密集型生产性服务占比不高，服务业增加值比重低于世界平均水平；农业基础依然薄弱，比较效益偏低，阶段性供过于求和高品质农产品供给不足并存。

二是工业与服务业结构失衡。我国产业结构调整进展总体与工业化后期阶段相适应，基本上按照生产率提高的规律进行。但是，由于制造业服务化和现代服务业发展不充分，服务业比重上升过程中我国整体经济效率并未得到有效提升，服务业比重过快上升和制造业比重过快下降，导致产业结构存在潜在的"逆库兹涅茨化"趋势。

三是实体经济与虚拟经济结构失衡。保持实体经济与虚拟经济合理的适配度，是大国经济持续稳定发展的基础。近年来，我国虚拟经济增长过快，实体经济发展缓慢，实体经济与虚拟经济报酬结构严重失衡，创新要素和金融资源"脱实向虚"，影响实体经济发展潜能，不利于经济长期稳定发展。

（二）产出效率不高

一是全要素生产率持续下降。在过去几十年来我国全要素生产率提高过程中，相当一部分来自劳动力从农业部门转移到非农产业部门带来的资源重新配置效率提升，但随着经济发展阶段和人口结构变化，部门之间要素重新配置效率对增长的驱动力不断减弱；同时，大多数行业占市场竞争主体地位的中小企业发展质量不高，部门内部资源配置效率也难以有根本上的提升，生产技术效率改善不快，导致近年来我国全要素生产效率增速开始持续下降，贡献不断下降。

二是产业发展与科技创新、现代金融和人力资源不协调。当前我国形成的"干中学"式模仿型技术创新模式正面临越来越多挑战，以企业为主体的创新体系尚不完善，自主创新能力偏弱，关键材料、核心零部件仍严重依赖进口，产业链与创新链融合不紧，科技创新对产业转型升级的支撑不够。此外，产业发展与人力资源不协同，通用和专用人力资本积累不够，人才结构性矛盾日益凸显，人力资本配置与技术追赶、产业转型和大国竞争的需要尚不适应。

三是产业发展仍处于国际价值链中低端和非核心地位。过去几十年来我国借助经济全球化的红利，快速融入全球价值链分工体系，并形成了全球门类最齐全的产业体系和配套网络，但产业整体处于国际价值链底部，不仅传统产业效益不高，部分新兴产业仍在继续走"搞组装、重规模"的老路，出现高端产业低端化现象，陷入"低端嵌入"困境。

三、"五个注重"提升产业发展质量

注重坚持新发展理念的系统性、整体性和协同性。要防止顾此失彼加剧产业发展中的不平衡不充分问题。如，在推进产业高质量发展的过程中，要坚持推进传统产业优化升级与培育产业发展新动能有机结合、并重互动，推进先进制造业、现代农业与现代服务业

融合共生、协调联动，努力形成加快建设现代化经济体系的"大合唱"。要切实做好以供给侧结构性改革为主线的大文章，引导企业和产业着力提升质量、效益、竞争力。要坚持创新是引领产业发展的第一动力，注意增强产业创新的可持续性，做好提升产业基础能力和产业链现代化水平的大文章，防止产业发展"成在创新、败在缺乏可持续创新"。要注意通过强化创新驱动，全面提高我国产业的整体竞争力，也要注意让利益相关者共享产业创新成果，不断增强广大人民的获得感、幸福感和安全感。

注重积极营造稳定公平透明、可预期的营商环境。产业高质量发展，离不开良好营商环境的支撑。优化营商环境是激发各类市场主体活力和创造力的重要要求。企业家是推动产业高质量发展的中坚力量，也是推进我国产业迈向全球价值链中高端的开路先锋。激发和保护企业家精神、鼓励更多社会主体投身创新创业创造，离开了良好的营商环境都无从谈起。优化营商环境，最重要的不是开了多少会、发了多少文件，而是看企业家特别是民营企业家能否做到安心、省心、舒心，能否对未来发展有信心。要坚持市场化、法治化、国际化原则，推动《优化营商环境条例》有效落地生根，以市场主体需求为导向，以深刻转变政府职能为核心，帮助企业切实化解推进产业高质量发展的痛点、难点，为各类市场主体投资兴业营造稳定、公平、透明、可预期的良好环境。

注重挖掘超大规模的市场优势和内需潜力。我国拥有 14 亿多人口、中等收入群体规模全球最大、市场规模位居世界前列……超大规模的市场优势和内需潜力令世界瞩目，有利于我国产业发展更好地实现规模经济和范围经济，增加应对国内外风险挑战的回旋余地。作为一个发展中大国，我国在鼓励企业、产业创新发展的同时，有条件将细分市场、小众市场需求与企业规模化生产有效匹配，更有条件推动新产业新业态新模式跨越市场化产业化运行的盈亏平衡点，培育产业竞争新优势。进一步看，当前我国城乡、区域、不同群体间的收入差距总体较大，市场需求的层次、水平和类型差异仍较显著。在鼓励勤劳致富前提下，优化收入分配格局，增加低收入者收入、扩大中等收入群体、调节过高收入，有利于将城乡、区域、不同群体间的市场需求差异，转化为层次鲜明、梯次跟进、波浪推进的市场空间，更好地增进超大规模的市场优势和内需潜力，更好地延长产业生命周期、增强产业发展柔性和协同性，打造产业高质量发展雁阵。

注重激发改革开放对推动产业高质量发展的重要作用。当前我国发展进入新阶段，顺应发展阶段、发展环境和国内主要矛盾的重大变化，要继续坚定推进一系列重大改革开放举措，加强制度性、结构性安排，更好地带动我国产业在参与国际竞争中成长，深度融入全球产业链、供应链、价值链、创新链，培育我国参与国际产业合作竞争新优势。还要看到开放也是改革，要注意激发高水平开放对全面深化改革的带动效应。中央经济工作会议提出"以创新驱动和改革开放为两个轮子，全面提高经济整体竞争力"。眼下，无论是培育鼓励创新、宽容失败、诚信公正的创新生态，还是有效推进科技创新、理念创新、体制创新有效转化为产业创新，优化创新人才成长发育的环境，都需要持续深化改革，要以改革为重要动力推动产业高质量发展。

注重与改善民生、打好三大攻坚战有机结合。推进产业高质量发展，一方面，要顺应产业发展规律和消费需求升级分化趋势，做好适应需求、创造需求、引导需求文章，更好满足人民日益增长的美好生活需要，促进产业和消费"双升级"。要围绕加强基本公共服务，激发健康养老、文化旅游等领域市场化改革对改善民生的促进作用，增强多层次多样化供给和民生保障能力。要把推进产业高质量发展与引导产业体系更好地稳定就业总量、改善就业结构、提升就业质量结合起来，加强对中小微企业的支持。另一方面，要把推进产业高质量发展与坚决打好防范化解重大风险、精准脱贫、污染防治攻坚战结合起来。一是着力推进产业扶贫、易地搬迁扶贫高质量发展，有效防范扶贫产业发展风险，增强产业扶贫对建立扶贫长效机制的支撑能力。二是努力做好生态文章，引导生态优势转化为产业发展优势。三是结合推进有效防范化解金融风险，着力增强金融服务实体经济能力，增加对民营经济、中小微企业的中长期融资支持；大力发展科技金融，拓宽创新企业融资渠道，引导更多金融资源配置到战略性新兴产业和高技术产业，为产业高质量发展注入金融活水。

★福建观察

福建省做强做优做大产业

福建省坚持新发展理念，坚持以供给侧结构性改革为主线，围绕主导产业重在"强"、新兴产业重在"培"、传统产业重在"优"的发展方向，支持主导产业发展壮大、新兴产业占比提升、传统产业转型升级，到"十四五"末，电子信息与数字产业、先进装备制造、石油化工、新材料与新能源、现代纺织服装、食品与医药等产业进一步发展壮大，力争打造3个超万亿产业、3个超8000亿产业，形成20个以上规模超千亿的产业集群，培育60家以上产值超百亿元工业企业（集团），其中产值超千亿元的10家。

"强"主导产业。电子信息与数字产业要强化"增芯强屏"，重点拓展新型显示和芯片设计、制造、封装测试等产业链，打造东南沿海集成电路产业集聚区和电子信息产业基地。先进装备制造产业要重点推动汽车、工程机械、数控机床、工业机器人、环保设备、高技术船舶、海工装备等加快发展。石油化工产业要围绕"两基地、一专区",重点发展苯二甲酸、对二甲苯、乙二醇、聚乙烯、己内酰胺/尼龙6等产品。新材料与新能源产业要积极推进纳米、超导、智能等共性基础材料研发和产业化,重点发展高端不锈钢冶金新材料、高性能稀土磁性材料、有机硅/氟材料、发光材料、储氢材料及石墨烯等新材料和核电、海上风电、新能源电池、氢能等清洁能源。现代纺织服装产业应重点发展功能性差别化纤维、高档面料、高性能产业用纺织品等,发展壮大化纤、棉纺、织造、染整、服装产业链。食品与医药产业要重点做大食品加工业,做强生物制药、做精现代中药、做优医疗器械,发展核医学产业,积极培育大数据智能医疗等健康产业新业态。

"培"新兴产业。实施新兴产业倍增计划,对接世界和国内500强企业,精准谋划一批产业链缺失、延伸和升级项目,着力突破一批重大关键核心技术,推动新一代信息技术、高端装备、海洋高新、新能源汽车、新材料、生物医药、高效太阳能电池等战略性新兴产业发展。着力推进制造业与一产、三产融合发展,打造"工业+旅游"等新业态。加强集成创新,完善新兴产业技术创新体系,分行业组织实施一批新兴产业重点项目、培育一批龙头企业、建设一批示范工程,培育壮大"双高"企业。

"优"传统产业。强化对传统产业的分类指导、分业推进,在轻工、纺织、机械、建材等行业领域继续实施"机器换工",推动数字化控制技术应用,集成创新一批高端数控装备和工业机器人,提升装备信息化水平,促进传统产业向数字化、高端化、智能化、绿色化转型升级。实施新一轮技改专项行动,推进研发、制造、营销、服务等环节的协同融合。发挥智能制造样板工厂(车间)的示范作用,打造一批产业创新中心,建成一批供应链服务业平台,推动传统产业从"制造"向"智造"转变。

"融"数字经济。大力发展数字经济，加快数字技术与制造技术的渗透、融合和创新应用，重点发展互联网、物联网、大数据、安全可控、云计算、边缘计算、人工智能、智能制造、5G、区块链、卫星应用、无人机、智能网联汽车等技术和产业，推动制造业加速向数字化、网络化、智能化发展，推动互联网、大数据、人工智能和实体经济深度融合。推动实施一批先进制造业与现代服务业深度融合试点示范项目，大力发展平台经济、共享经济、体验经济等新业态新模式。深化"互联网+先进制造"，推动中小企业"上云上平台"。实施"人工智能+"以及工业互联网"十百千万"等工程。推动"5G+工业互联网"产业园、标杆企业、工业互联网平台应用创新推广中心建设。建设工业数字化服务平台，形成数据驱动型创新体系和发展模式，打造数据驱动的工业新生态。

★福建案例

千亿园区——泉港

2019年泉港石化产值突破1000亿元，连续7年跻身中国化工园区20强，综合实力位列全国工业百强县（区），入选国家级循环化改造示范试点园区和国家产城融合示范区。

泉港石化工业园区规划面积29.6平方公里，分为仙境、洋屿、氯碱、南山四个片区。联合石化所提供的巨大原料优势，吸引一大批中下游企业布局泉港园区，目前入驻石化园区企业多达45家。

当前，石化产业主要集中在上游的石油炼制以及中游的基础化学原料制造业。而下游的专用化学产品制造业，如功能性合成材料、精细化工产品等，附加值高、需求紧俏，但发展步伐偏慢。产业要进一步突破，必须尽快补链、强链，延伸开发下游产业，迈入产业链中高端。据有关方面测算，如果以价值 1 美元的原油作为原料，顺着产业链往下游加工，最终可形成价值 105 美元。

泉港依托产业链上游优势，进一步强链、补链，引进下游的高端精细化学品等高附加值产业项目，发展产业链完善的、种类齐全、附加值高的高端石化产业集群，努力打造全国一流的绿色石化产业基地。台湾国乔石化项目正是强链、补链的好项目。2019 年 3 月初，国乔石化正式落户泉港，该项目总投资 500 亿新台币，计划占地 800 亩，将年产 100 万吨丙烷脱氢（PDH）及 90 万吨聚丙烯（PP），有望于 2023 年建成投产，将带动形成总投资 180 多亿元的"LPG→丙烯→环氧丙烷→聚醚"产业链。首笔注册金 75900 万元人民币已到账，设立公司等前期工作迅速展开。

泉港持续"大招商，招大商"，推进石化产业供给侧改革，延伸石化中下游产业链条，增加产业附加值。2019 年以来，泉港完成签约项目 63 个，投资总额达 554.93 亿元。为做强石化产业链，近年来，泉港石化园区累计投入资金 30 多亿元，全面完成园区基础设施、临港变电站、公用管廊、信息网络等 10 大公用工程配套建设，满足园区企业生产建设需要。

城乡的高质量发展

要坚持乡村全面振兴，抓重点、补短板、强弱项，实现乡村产业振兴、人才振兴、文化振兴、生态振兴、组织振兴，推动农业全面升级、农村全面进步、农民全面发展。要尊重广大农民意愿，激发广大农民积极性、主动性、创造性，激活乡村振兴内生动力，让广大农民在乡村振兴中有更多获得感、幸福感、安全感。要坚持以实干促振兴，遵循乡村发展规律，规划先行，分类推进，加大投入，扎实苦干，推动乡村振兴不断取得新成效。

——2018年7月5日，习近平总书记在全国实施乡村振兴战略工作推进会议上的讲话

★主题解读

城乡融合高质量发展是时代命题

一、城乡融合发展存在的问题

（一）要素融合方面保障机制有待完善。从劳动力和人才的融合来看，城乡二元的户籍壁垒没有根本消除，农民工处于半城镇化状态，没有彻底转变为市民，权益得不到保障，城市人才下乡也受到权益保障程度不高、配套支持政策不充分等因素的制约。城乡统一的建设用地市场尚未建立，农村建设用地入市，虽然政策松动，但是实际操作还不顺畅。近几年，城市资本要素向农村流通的愿望强烈，但是共建共治共享的机制还未理顺，投资者和乡村本地居民在投资相关利益分配上还多有冲突。

（二）产业融合方面缺少集聚效应发挥作用的基础。现代产业发展都有聚集需求，产业集群式发展已经成为产业发展的主流，而乡村产业发展薄弱，乡村的产业发展软硬件配套与城镇产业园区相比还存在较大的差距，对城镇产业的吸引力不足。乡村对产业人才的吸引力不足、生活基础设施配套性差，也是阻碍城镇产业向乡村转移、发展城乡融合产业的一个主要因素。城乡产业融合往往因为缺少集聚效应发挥作用的基础，导致融合发展不力。

（三）制度融合上存在制度性差别、共享机制待完善。一方面，由于户籍制度形成的城乡分割，城乡居民在教育、医疗、就业等方面存在制度性差别。户籍制度捆绑着教育、医疗、养老等基本公共

福利，户籍制度改革的成本巨大，地方政府主动性改革意愿不强，因此户籍制度改革的推进实践还缺乏实质性进展。另一方面，保障农村居民共享地区经济社会发展成果的机制还有待完善。在市场机制的引导下，优势资源优势产业和巨额经济社会发展成果累积到城镇中，而且优先向城市集聚。因受户籍制度限制和个体融入成本的约束，农民工很难融入集聚效应更强的大中城市。要建立健全保障农村居民分享地区发展收益的机制，改变农民只能以个体身份参与经济社会发展，承担了较大的成本，享受到较少的收益的状况。

二、党和政府对城乡融合高质量发展的探索

进入 21 世纪以来，党的城乡发展方略经历了从“城乡统筹”，到“城乡一体化”，再到“城乡融合发展”的发展过程。

党的十六大提出“城乡统筹发展”，目的在于解决城乡收入差距过大、城乡发展不平衡等问题，但是由于政府对市场的引导力有限，导致资源和生产要素向乡村的流动有限，并没有从根本上改变城乡发展不平衡的问题。党的十八大提出健全城乡一体化发展体制机制，旨在以工促农、以城带乡，缩小城乡发展差距，但是城乡一体化的政策偏向依旧在城市，农村处于从属地位。为此，党的十九大提出，实施乡村振兴战略，要“建立健全城乡融合发展体制机制和政策体系”，旨在构建一种新型的城乡关系，实现城乡共生共荣、和谐持久的良性循环。为落实党的十九大作出的重大决策部署，2019 年 5 月，中共中央和国务院印发了《关于建立健全城乡融合发展体制机制和政策体系的意见》。提出“到 2022 年，城乡融合发展体制机制初步建立”。2022 年 10 月，党的二十大进一步强调，要“坚持农业农村优先发展，坚持城乡融合发展，畅通城乡要素流动。扎实推动乡村产业、人才、文化、生态、组织振兴。”

在新时代，中国经济由高速度增长阶段转向高质量发展阶段。

高质量发展意味着经济增长要与生态环境优化、城乡分配差距缩减等方面的要素相匹配。从这个意义上来说，城乡融合高质量发展，是在承认城乡空间功能性差异的基础上，通过城乡要素分配方式的创新、经济社会的协调发展、生态环境与空间布局的优化、发展成果的均等化共享，着力打破城乡资本和要素流动的壁垒，进一步整合优化城市与乡村资源，为乡村发展注入现代资源和生产要素，激发农业农村内生发展动力，构建城乡资源合理配置、双向互动共享的新格局。这种通过持续调整政府—市场关系而形成的新型城乡关系，已然成为高质量发展的重要组成部分。只有实现城乡融合高质量发展，共同富裕的目标才能实现。

三、城乡融合高质量发展的举措

一是要把乡村振兴战略摆在优先位置。城乡高质量发展，最大的短板在乡村。当前要认真学习中央和习近平总书记关于乡村振兴的指示要求，研究乡村振兴的目标、步骤，抓紧编制乡村振兴战略规划。在具体工作中，要分级分类、分时分段推进乡村振兴。特别是根据乡村不同发展水平与状态，采取切实有效的振兴举措。要统筹城镇化与乡村振兴两大战略的关系，依据统一规划，合理调配各类资源。

二是要加快农业转移人口市民化。城乡高质量发展要真正以人为本。要继续落实外来人口在城市落户方案，促进有能力在城镇稳定就业生活的农民工，在城镇就业居住 5 年以上和举家迁徙的农业转移人口，在城镇举家落户、安居乐业。对于生态脆弱、生存条件恶劣的连片贫困地区，要创造条件让这些地方的农业人口向城镇转移，实现脱贫。要确保户籍制度改革与居住证制度全面实施。央地各负其责，细化落实人地钱挂钩政策。优化统计方法，准备反映人口落户进程。

三是构建城乡高质量发展的空间形态。城市群是城镇化的主体形态。要以基础设施互联互通、生态环境共治共享、产业就业提质提效为突破口，加快建立城市群的协同发展机制。都市圈是城市群建设的突破口。要提升核心大城市和中心城市的创新发展水平，加强核心城市与周边中小城市的交通网络联结。积极培育一批中小城市，尤其是创造条件将一批人口 20 万人以上的特大镇有序设市，提高这些小城市的基础设施配置标准，增强公共服务能力，提升它们对人口的吸引力。数以万计的小城镇是城乡要素交流、汇合之地，要发挥小城镇在乡村振兴中的平台作用。特色小镇产业强、体制活、环境美，是城乡高质量发展的重要载体。要加快建设美好乡村，使之成为产业兴旺、生态宜居、乡风文明、治理有效、生活富裕的幸福家园。

四是以重点领域的突破推动城乡新一轮改革。产权制度改革与要素市场化配置是实现城乡融合高质量发展的两个"棋眼"。乡村改革的基础是农民土地资产确权、集体资产清产核资及集体成员身份确认。要进一步盘活农民闲置宅基地和闲置农房，深化农村承包土地经营权，让沉睡的土地焕发活力。加大政策配套，促进城市投资者、消费者下乡，推动一、二、三产业融合发展。凡是生产要素流动遇到障碍的地方，就是改革重点所在、难点之在。要抓住信息化对于城镇化、乡村振兴的催化、融合作用，以信息技术为支撑，推动城乡市县整合形成数字化管理平台，提高城乡治理的智慧化水平。

★ 福建观察

福建促进城乡各类要素合理配置的措施

2020 年 2 月，中共福建省委、福建省人民政府印发《关于建立健全城乡融合发展体制机制和政策体系的实施方案》，其中，在促进城乡各类要素合理配置方面提出如下举措：

1. 推进农业转移人口市民化。有力有序有效深化户籍制度改革，全面取消城区常住人口 300 万以下的城市落户限制，全面放宽城区常住人口 300 万至 500 万的大城市落户条件，优先解决农村学生升学和参军进入城镇的人口、在城镇就业居住 5 年以上和举家迁徙的农业转移人口以及新生代农民工落户问题。推进居住证制度全覆盖，鼓励各地逐步扩大居住证附加的公共服务和便利项目。落实农业转移人口市民化奖补机制，增强市、县（区）政府的财政保障能力。统筹安排年度建设用地计划奖励指标，保障进城落户人口用地需求。维护进城落户农民土地承包权、宅基地使用权、集体收益分配权，支持引导其依法自愿有偿转让上述权益。

2. 完善城市人才入乡激励机制。健全新时代科技特派员制度，完善选派方式、需求对接、利益分配、政策保障等工作机制，实现科技特派员乡镇、村全覆盖。推进大学生村官与选调生工作衔接，健全选派第一书记工作长效机制。鼓励引导高校毕业生回乡创业兴业，统筹实施"三支一扶"计划等高校毕业生服务基层项目。在卫生等系列试行"定向评价、定向使用"的基层职称制度，适当提高中高级专业技术岗位结构比例。实施省级扶贫开发工作重点县乡村紧缺师资代偿学费计划和经济困难县补充教师补助计划，鼓励职业院校教师下乡服务乡村振兴。

3. 深化农村承包地制度改革。按照国家有关规定，落实第二轮土地承包到期后再延长 30 年政策，研究制定相关具体实施办法。完善农村承包地"三权分置"制度，依法保护集体所有权和农户承包权，平等保护并进一步放活土地经营权。规范土地流转管理，发展多种形式适度规模经营，允许土地经营权入股从事农业产业化经营。

4. 稳慎推进农村宅基地改革。探索宅基地所有权、资格权、使用权"三权分置"，鼓励调整使用闲置宅基地，盘活闲置农房。完善农村宅基地管理办法，探索对增量宅基地实行集约有奖、存量宅基地实行退出有偿。在农村地籍调查基础上，严格执行村民宅基地建设面积标准，依法对符合条件的宅基地使用权确权登记颁证。

5. 推进集体经营性建设用地入市。依法对农村集体建设用地使用权确权登记颁证。按照国家统一部署，允许符合要求的集体经营性建设用地就地入市或异地调整入市，允许村集体在农民自愿前提下，依法将有偿收回的闲置宅基地按相关规划明确用途后转变为集体经营性建设用地入市，实现已入市集体土地与国有土地在资本市场同地同权。推动城中村、城边村及村级工业园等可连片开发区域土地依法合规整治入市。推进集体经营性建设用地使用权和地上建筑物所有权房地一体、分割转让。

6. 强化财政投入保障。建立涉农资金统筹整合长效机制。调整土地出让收入使用范围，提高农业农村投入比例。鼓励县（市）利用省财政核定的新增债务限额支持乡村振兴领域公益性项目，2020—2022 年各县（市）要在省级财政下达的一般债券额度内，安排不低于 20% 的比例用于乡村振兴项目。

7. 健全多层次农村金融服务体系。积极稳妥培育发展村镇银行，优化普惠金融便民点布局和功能，依法合规开展农村集体经营性建设用地使用权、农民房屋财产权、集体林权抵押融资，以及承包地经营权、集体资产股权等担保融资，促进金融服务向乡村覆盖、信贷资源向乡村流动。鼓励金融机构推广"快农贷""福田贷""振兴贷"等涉农信贷产品。鼓励有条件有需求的地区按市场化方式设立担保机构。加快建立多层次农村保险体系，建立健全农业保险保费补贴机制，探索开展地方特色农产品保险以奖代补政策试点。

8. 引导工商资本入乡。深化"放管服"改革，引导社会资本参与城乡民生基础设施投资建设，鼓励以县域为单位推进城乡生活污水垃圾治理等市政公用设施运营管理市场化、专业化。建立社会资本通过流转取得土地经营权的资格审查、项目审核和风险防范制度，确保农地农用。

9. 推动科技成果入乡转化。健全涉农技术创新市场导向机制和产学研用合作机制，培育和发展涉农技术转移机构。充分发挥"6·18"创新平台功能，促进技术、人才、资本等要素向乡村集聚，推动先进适用的科技成果入乡转化。

★福建案例

长泰：注重城乡联动，建设生态文明"后花园"

长泰，建县于公元955年，寓意"长久安泰"，是漳州三个千年古县之一。2021年，福建省政府批复同意撤销长泰县，设立漳州市长泰区。建县1066年的长泰胜利完成了"县"的历史使命，从此步入了"区"时代，踏上融入"大漳州"的新征程。

在从"县"到"区"的发展进程中，长泰坚持把创建全国县级文明城市，与生态文明、经济发展等重点工作统筹推进，不断提高城乡整体文明程度。特别是深度融合美丽乡村建设，开展912平方公里全域景区建设，2016年高分优等级通过国家级美丽乡村建设标准化试点县验收，加快推动从"厦门后花园"到"厦漳泉生态型核心区"、从"全国文明县城"到"全国县级文明城市"跨越，实现生态美、城乡美、人更美的目标。

规划引导。围绕"厦漳泉生态型核心区"的发展定位，按照"生活宜居、环境优美、设施配套、产业发展"的要求，充分考虑地理地貌、产业结构、民俗文化等因素，制定覆盖县、乡、村三级的全域景区化规划。特别是坚持生产、生活、生态"三生平衡"，原山原水原生态、原田原园原住民"六原合一"的原则，编制重点村、中心村、特色村整治规划，做到每个重要节点都有详细规划，细到每座房子的拆除与改造都有效果图，让农村群众看得明白、执行得了、遵守得住规划，打造一村一品、一村一景、一村一韵。

整治先行。坚持"干净、美丽、品位"的底线思维，县财政投入专项资金 2.37 亿元，开展"整治水环境·保护母亲河"行动，推进生猪养殖、农村垃圾、桉树种植、工业排污、矿山石材、水土流失等六个专项治理，深化"全民综合治水、共建美丽长泰"三年行动，促进城乡产业优、山水美、民受益。特别是深入开展美丽乡村建设扫盲三年计划，按照"拆彻底、扫干净、摆整齐、保畅通"的基本面要求，县每年投入垃圾处理专项经费 1500 万元，推行"户分类、村收集、镇转运、县处理"模式，全县宣传推广"垃圾不落地"经验做法。

突出特色。充分发挥"长泰是闽南宝地，长泰话是闽南中原古音活化石"的县域特色，形成"闽南风、长泰味"。在建筑风格上，城镇新建楼房沿街一律采用骑楼加坡屋顶的闽南元素，村庄房屋立面按红砖白墙燕尾脊进行改造。在村落整治上，坚持宜少不宜多、宜土不宜洋、宜简不宜繁、宜淡不宜浓、宜软不宜硬等"五宜五不宜"，注意去城市化、园林化、趋同化，力争自然美、生态美、田园美、农耕美、乡愁美"五美效果"。在历史人文上，充分挖掘漳州史上唯一状元林震的状元文化、三公下水操的忠义文化等优秀本土文化，保护古村落、古民居、古树名木等乡土历史遗存，建设传统文化和现代文明有机结合的美丽乡村。

以文化人。充分利用乡镇、村综合文化站、基层"道德讲堂"等载体，整合乡村学校少年宫、文化中心户、农家书屋、文明乐园等农村文化资源，对全县 70 多处旧庙宇、祠堂进行改造，开展创建文明村镇和"五好文明家庭""十星文明户""十佳孝子媳"等活动，开展"春之歌、夏之舞、秋之赛、冬之戏"系列文体活动，培养树立一批身边人、身边事先进典型，引导群众认知、理解和认同社会主义核心价值观，推动形成邻里团结、家庭和睦、诚信友爱、扶贫济困的人际关系。

区域的高质量发展

要根据各地区的条件，走合理分工、优化发展的路子，落实主体功能区战略，完善空间治理，形成优势互补、高质量发展的区域经济布局。

——2019 年 8 月 26 日，习近平总书记在中央财经委员会第五次会议上的讲话

★ 主题解读

促进区域协调发展向高质量迈进

一、我国区域发展的历史变化与政策探索

中华人民共和国成立以来，围绕公平和效率两大目标，中国区域经济发展格局和空间结构发生了重大变化，经历了如下发展阶段：从中华人民共和国成立初期到改革开放前，出于区域平衡发展与国内外政治形势的需要，实施了从沿海转向内地的均衡发展战略；从改革开放初期到 20 世纪 90 年代初期，基于效率优先的考虑，实施了以东部沿海地区为重点发展区域的优先沿海的非均衡发展战略。20 世纪 90 年代至"十五"计划时期，相继实施了西部大开发、中部崛起战略，突出了"效率优先""兼顾公平"的非均衡协调发展战略。"十一五"规划以来，我国坚持全面、协调、可持续有序发

展，重视区域经济、社会和人的全面发展，形成了统筹协调发展战略格局。党的十八大以来，人民日益增长的美好生活需要和不平衡不充分发展之间的矛盾已转化为我国社会的主要矛盾，区域发展战略导向更加注重沿海内地全方位的协调发展，最终实现区域协调共享发展的目标。

党的十九大提出，要着力提升各层面区域战略的联动性和全局性，增强区域发展的协同性和整体性，加大力度支持革命老区、民族地区、边疆地区、贫困地区加快发展，强化举措推进西部大开发形成新格局，深化改革加快东北等老工业基地振兴，发挥优势推动中部地区崛起，创新引领率先实现东部地区优化发展，建立更加有效的区域协调发展新机制。

2019 年 8 月召开的中央财经委员会第五次会议指出，当前我国区域发展形势是好的，同时经济发展的空间结构正在发生深刻变化，中心城市和城市群正在成为承载发展要素的主要空间形式。新形势下促进区域协调发展，要按照客观经济规律调整完善区域政策体系，发挥各地区比较优势，促进各类要素合理流动和高效集聚，增强创新发展动力，加快构建高质量发展的动力系统，增强中心城市和城市群等经济发展优势区域的经济和人口承载能力，增强其他地区在保障粮食安全、生态安全、边疆安全等方面的功能。要保障民生底线，推进基本公共服务均等化，在发展中营造平衡。

2022 年 10 月，党的二十大报告指出，"深入实施区域协调发展战略、区域重大战略、主体功能区战略、新型城镇化战略，优化重大生产力布局，构建优势互补、高质量发展的区域经济布局和国土空间体系。"区域经济是国民经济的基础，是实现国家战略与奋斗目标的重要支撑。值得关注的是，在二十大报告中，"促进区域协调发展"成为加快构建新发展格局、着力推动高质量发展重要方面之一，对区域经济作出了更加具有长远性的部署和安排，未来区域经济的发展将会更加均衡。

二、区域经济发展存在的问题

区域经济发展分化态势明显。长三角、珠三角等地区已初步走上高质量发展轨道，一些北方省份增长放缓，全国经济重心进一步南移。南北地区经济增速与总量占比呈现出"南快北慢"和"南升北降"的格局，南北差距逐渐扩大问题成为中国区域协调发展面临的新问题。各板块内部也出现明显分化，有的省份内部也有分化现象。

区域发展动力极化现象突出。经济和人口向大城市及城市群集聚的趋势比较明显。北京、上海、广州、深圳等特大城市发展优势不断增强，杭州、南京、武汉、郑州、成都、西安等大城市发展势头较好，形成推动高质量发展的区域增长极。

区域开放水平差异程度较大。由于中西部存在基础设施建设不到位、合作政策不完善以及国际往来渠道不畅通等问题，其对外开放水平与东部差距较大，并有继续扩大趋势。比如，2018年，东部外商直接投资企业数高达49万家，而中西部只有9.9万家。

区域经济分工协作协同性不足。由于中西部在经济发展中承接东部部分淘汰产业，模仿东部产业发展模式，一方面，使得东中西部产业发展趋同现象严重；另一方面，中西部没有发挥自身比较优势，造成了重复建设和资源浪费。再加上区域间缺少横向的生产分工和经济协作，不利于区域间持续、稳定的协调发展。

生态环境协同治理力度不够。中西部为了缩小与东部差距，将承接东部产业转移作为发展战略的一部分。东部一部分高污染、高耗能企业向中西部地区转移。由于中西部处于东部的生态上游，使得中西部承担发展所带来的能源耗竭与生态环境破坏的同时，又制约全国生态环境的整体改善，不利于经济长期可持续发展。

部分区域发展面临较大困难。东北地区、西北地区发展相对滞后。2012年至2018年，东北地区经济总量占全国的比重从8.7%下降到6.2%，常住人口减少137万，多数是年轻人和科技人才。一些城市特别是资源枯竭型城市、传统工矿区城市发展活力不足。

三、区域经济发展的新思路

我国经济由高速增长阶段转向高质量发展阶段，对区域协调发展提出了新的要求。不能简单要求各地区在经济发展上达到同一水平，而是要根据各地区的条件，走合理分工、优化发展的路子。要形成几个能够带动全国高质量发展的新动力源，特别是京津冀、长三角、珠三角三大地区，以及一些重要城市群。不平衡是普遍的，要在发展中促进相对平衡。这是区域协调发展的辩证法。

要尊重客观规律。产业和人口向优势区域集中，形成以城市群为主要形态的增长动力源，进而带动经济总体效率提升，这是经济规律。要破除资源流动障碍，使市场在资源配置中起决定性作用，促进各类生产要素自由流动并向优势地区集中，提高资源配置效率。当然，北京、上海等特大城市要根据资源条件和功能定位合理管控人口规模。

要发挥比较优势。经济发展条件好的地区要承载更多产业和人口，发挥价值创造作用。生态功能强的地区要得到有效保护，创造更多生态产品。要考虑国家安全因素，增强边疆地区发展能力，使之有一定的人口和经济支撑，以促进民族团结和边疆稳定。

要完善空间治理。要完善和落实主体功能区战略，细化主体功能区划分，按照主体功能定位划分政策单元，对重点开发地区、生态脆弱地区、能源资源地区等制定差异化政策，分类精准施策，推动形成主体功能约束有效、国土开发有序的空间发展格局。

要保障民生底线。区域协调发展的基本要求是实现基本公共服务均等化，基础设施通达程度比较均衡。要完善土地、户籍、转移支付等配套政策，提高城市群承载能力，促进迁移人口稳定落户。促进迁移人口落户要克服形式主义，真抓实干，保证迁得出、落得下。要确保承担安全、生态等战略功能的区域基本公共服务均等化。

★福建观察

区域高质量发展的"福建方案"

长期以来，福建不断开展区域合作探索，从"大山海经"到"山海协作"，逐步形成闽东北、闽西南两大经济协作区域。闽东北经济协作区包括福州、宁德、莆田、南平、平潭四市一区，闽西南经济协作区包括厦门、漳州、泉州、龙岩、三明五市。两个经济协作区涵盖了全省所有区域。一段时间以来，福建各地推动一批重大协作项目建设，两大经济协作区建设取得了初步成效。

在推进高质量发展和落实赶超工作的关键时期，福建提出在更高站位上谋划推动全省区域发展的重大举措。2018 年 4 月，福建提出以福州都市区和厦漳泉都市区建设为引擎，进一步带动闽东北和闽西南两个经济协作区加快发展；同年 9 月，福建省委十届六次全会明确提出，着眼加强区域经济社会民生生态等各方面的协调发展，把经济协作区上升到协同发展区。

项目带动是建设两大协同区的关键所在。福建省建立了两大协同发展区重大项目台账，共梳理出 149 个项目，总投资 1.45 万亿元。其中，53 个项目列入省重点协作项目，总投资达 6969 亿元。同时，协同发展区重大项目全部纳入全省"五个一批"项目管理库，省属项目和跨设区市的重大项目由省有关单位协同有关设区市共同推进。

基础设施一体化是建设两大协同发展区的先行领域。目前，福建加快建设内外通道和区域性枢纽，包括全力推进福（州）厦（门）客专、沈海高速扩容工程、厦漳泉城市联盟路等重大合作项目建设，扎实推动厦门新机场、温武吉铁路、漳汕高铁、温福高铁、昌厦（福）高铁等重中之重项目尽快落地，支持厦门港建设国际航运中心等。

要推进区域经济的协调发展，更要加强区域经济、社会、民生、生态等各方面的协同发展。因此，在政策共享方面，省里要求各地用足用好自贸试验区、自主创新示范区、福州新区、平潭综合实验区、"海丝"核心区、生态文明试验区等多区叠加优势，推动创新举措复制推广，缩小政策落差，实现政策效应最大化。

为呼应两大协同区发展，福建还加强了重点领域的谋划与建设，勾勒"两极两带六湾区"发展空间布局："两极"即福州都市区和厦漳泉都市区，这是两大协同发展区的龙头和引擎；"两带"即沿海城镇发展带和山区绿色发展带，将分别成为人口和产业聚集区、创新要素集聚的科技走廊和绿色发展新载体；"六湾区"即三都澳、闽江口、湄洲湾、泉州湾、厦门湾、东山湾，打造面向世界的规模化、集约化、专业化港口群，打造蓝色产业集聚区和智慧海洋示范区，到2020年全省海洋生产总值突破万亿元。

福建把协调作为发展的内生动力，构建"两极两带六湾区"发展格局，形成闽东北、闽西南两大经济协同区域，坚持项目支撑、把握推进方向、突出重点领域、加快协同融合，积极推进区域协调发展、城乡统筹、山海联动，提升区域整体竞争力，成为解决发展不平衡不充分问题的"福建方案"。

★**福建案例**

晋江经验

晋江位于福建东南沿海，陆域面积只有 649 平方公里，约相当于香港陆域面积的二分之一。这里古为闽越人聚居地，西晋永嘉年间中原士族为避战乱，衣冠南渡，据江居住，因思故土，故名为晋江。但晋江的贫瘠也是出了名的。由于土地和资源匮乏，而人口众多，加上风沙无常，晋江的一方水土难养一方人。1978 年，晋江的地区生产总值仅 1.45 亿元，人均 GDP 仅 154 元。

在改革开放的浪潮中，晋江勇立潮头，敢拼敢闯，通过大力发展民营经济、品牌经济、实体经济，走出了一条独具特色的县域经济发展道路，用占福建二百分之一的土地创造了全省十六分之一的地区生产总值。2001 年，晋江首次跃入全国百强县市前 10 位。

1996 年至 2002 年，先后担任福建省委副书记、省长的习近平七下晋江调研。经过多次调研、问计于民之后，2002 年 6 月，习近平从晋江发展的实践中提炼出"晋江经验"，即：始终坚持以发展社会生产力为改革和发展的根本方向，始终坚持以市场为导向发展经济，始终坚持在顽强拼搏中取胜，始终坚持以诚信促进市场经济的健康发展，始终坚持立足本地优势和选择符合自身条件的最佳方式加快经济发展，始终坚持加强政府对市场经济的引导和服务；处理好有形通道和无形通道的关系，处理好发展中小企业和大企业之间的关系，处理好发展高新技术产业和传统产业的关系，处理好工业化和城市化的关系，处理好发展市场经济与建设新型服务型政府之间的关系。

从此，"六个始终坚持"与"处理好五大关系"的要求，指引着晋江、泉州乃至整个福建继往开来、不断发展。

　　坚定不移发展实体经济是晋江的"看家宝"，也是"晋江经验"最鲜明的特色。无论是初创时的"乡镇企业一枝花"，还是如今的"秀木聚成林"，实体经济在晋江的经济格局中始终占据突出地位。从以实业发端起步，到以"质量立市""品牌强市"，再到以创新推动产业转型升级、实现"老树发新枝"，晋江始终坚持以实业为根本、深耕市场、不断增强发展韧劲，实现了屡遇危机而不倒、活力长盛而不衰。如今在晋江，实体经济创造的产值、税收和就业岗位占全市的95%以上，两个年产值超千亿元产业集群拔地而起，5个超百亿元产业集群次第开花，树起了"中国鞋都""中国伞都""中国食品工业强市""中国陶瓷重镇"等响当当的品牌。实体经济塑造着晋江的发展气质，也引领着晋江的城市风采。

　　全面协调发展，是"晋江经验"的核心内涵。晋江的全面发展之路，正是这一思想指导实践的生动范例。晋江的发展也曾面临不协调、不全面的问题。比如，工业化快速发展，但城市化建设一度滞后，导致"城市不像城市、农村不像农村"；陶瓷产业风生水起，却也造成"稻穗低不下头，龙眼结不了果"的严重环境问题。在"晋江经验"指引之下，晋江不断加强改革发展的系统性、整体性、协同性，从培育高新产业，推动集成电路、石墨烯、新能源等产业发展，到承办世界级体育赛事，不断提升对外开放水平；从加强城乡一体化统筹，实现城乡面貌脱胎换骨，到构建日益完善的民生体系，突出"待遇均等化、保障全覆盖"；从推进生态修复、整治落后产能，到保护传统文化、深化文明创建，晋江逐渐向现代化城市蜕变，不断迈向更高质量、更有效率、更加公平、更可持续的发展。

　　改革创新是"晋江经验"的核心动力。在改革中先行先试，在创新中做大做强。在晋江企业发展史上，曾有两次争先恐后、你追我赶的改革创新尝试：上市潮与品牌潮。就前者而言，借力资本市场，晋江的民营企业迅速做大了体量，优化了模式，提升了素质。

更为重要的是，晋江民营企业多为家族企业，改制上市过程，也是企业借助资本市场这一外部监管平台，克服家族企业弊端，实现产权明晰化，完善战略规划，提升内部管控能力，促进生产经营和管理模式迅速与市场、国际接轨的过程。就后者而言，从产品到品牌，是消费者消费升级的必然需求，也是供给端转型升级的必经之路，今天的晋江，已经汇聚了一大批品牌企业：在男装领域有七匹狼、柒牌、利郎；在运动鞋服领域有安踏、乔丹、特步；在食品领域有盼盼、蜡笔小新、亲亲。这些耳熟能详的品牌，让晋江有了"品牌之都"的美誉。一个县级市，竟然产生了数十个享誉全国的品牌，堪称奇迹。正是这两股推力，极大促进了晋江民营企业的转型升级，让晋江脱胎换骨、赢得先机，从一个需要国家扶持的贫困县，一跃成为县域经济的领头羊。如今的晋江依然与时俱进，用改革创新回答新问题，比如传统产业如何推陈出新、高成本环境下如何宜业宜居、新型城镇化如何实现以人为本等。

改革不止步，奋斗无穷期。"晋江经验"既是历史荣耀的光环，更是未来前行的坐标。2019年3月10日，在参加十三届全国人大二次会议福建代表团审议时，习近平总书记再次对"晋江经验"予以充分肯定，鲜明指出："晋江经验"现在仍然有指导意义。

政府的高质量发展

发挥政府作用，不是简单下达行政命令，要在尊重市场规律的基础上，用改革激发市场活力，用政策引导市场预期，用规划明确投资方向，用法治规范市场行为。

——习近平总书记在十八届中央政治局第三十八次集体学习时的讲话

★ 主题解读

高质量政府与高质量发展

新时代我国经济社会发展的鲜明特征就是高质量发展。就政府而言，牢牢把握高质量发展这个总要求，应当从两个方面做起。一方面，高质量发展不但需要高效率、高品质、高标准政府工作和政务服务，还需要加强政府自身建设，进而打造高质量的政府；另一方面，发挥政府在发展中作为总舵手的作用，以高质量的政府推动高质量的发展，通过明确发展思路、制定经济政策、实施宏观调控、激发市场活力等手段，将高质量发展落实到政府工作的各个环节中。

一、高质量的政府建设与发展

2003 年，时任国务院总理朱镕基在政府工作报告中提出要"加强政府自身建设"，此后历届政府工作报告都不断重申这一重要命题。在建设中国特色社会主义的过程中，首先要坚持中国共产党的领导，这是中国特色社会主义最本质的特征，其次是加强党的建设和政府建设，两者一起构成了国家治理体系和治理能力现代化的核心内容。党和政府是改革开放伟大事业的设计者和工程师，在发展过程中起决定性作用。

在 2018 年《政府工作报告》上，李克强总理多次提到"高质量发展"，显示中央政府在政策层面对如何落实这一战略判断的重视。由于正值换届选举之年，报告中指出"进入新时代，政府工作在新的一年要有新气象新作为"，要求新一届政府在全面贯彻党的十九大精神开局之年，加强自身能力建设，贯彻落实十九大精神，着力推进高质量发展的工作谋划。

中国改革发展的一切成就，都是干出来的。人民政府的所有工作都要体现人民意愿，干得好不好要看实际效果，最终由人民来评判；政府工作人员要廉洁修身、勤勉尽责，干干净净为人民做事，决不辜负人民公仆的称号；对各级政府及其工作人员来说，为人民干事是天职、不干是失职。广大干部要求真务实、干字当头，干出实打实的新业绩，干出群众的好口碑，干出千帆竞发、百舸争流的生动局面。

要推动政府高质量工作，必须从以下几点入手。

一是要坚持正确的政治方向，"高质量工作"必须确保方向正确。这就是要牢固树立"四个意识"，坚定"四个自信"，坚决维护习近平总书记核心地位，坚决维护党中央权威和集中统一领导，落实全面从严治党要求，加强政府自身建设，深入推进政府职能转变，为人民提供优质高效服务。

二是要全面推进依宪施政、依法行政。"高质量工作"要行为有度。这就要求各级政府严格遵守宪法法律，把政府活动全面纳入法治轨道。坚持严格规范公正文明执法，有权不可任性，用权必受监督。还要全面加强党风廉政建设。力戒形式主义、官僚主义，自觉把权力关进制度的笼子。政府工作人员要廉洁修身，勤勉尽责，干干净净为人民做事。

三是要全面提高政府效能。统筹考虑各类机构设置，科学配置党政部门及内设机构权力、明确职责。统筹使用各类编制资源，形成科学合理的管理体制，完善国家机构组织法。转变政府职能，深化简政放权，创新监管方式，增强政府公信力和执行力，建设人民满意的服务型政府，增强政府公信力和执行力，决不能表态多调门高、行动少落实差，决不允许占着位子不干事。

四是要自觉接受人民监督。"高质量工作"的评价依据来自人民。要全面推进政务公开，坚持科学、民主、依法决策，凡涉及公众利益的重大事项，都要深入听取各方意见包括批评意见。只有求真务实，干字当头，干出实打实的新业绩，才能干出群众的好口碑。同时加强权力制约和监督，让权力在阳光下运行，把权力关进制度的笼子。

只有高质量的机构设置、高质量的行政效率、高质量的服务保障、高质量的人员配备，才能确保各级政府把党的意志和人民的期望转化为现实成果，确保推进我国经济社会进入高质量发展阶段，为决胜全面建成小康社会、开启社会主义现代化强国新征程打下扎实的制度基础。

二、高质量政府推动高质量发展

"坚持使市场在资源配置中起决定性作用，更好发挥政府作用，坚决扫除经济发展的体制机制障碍"，是习近平经济思想的主要内涵之一。正确认识与处理政府和市场的关系，推动高质量发展，是学习贯彻好习近平经济思想的必然要求。

我国经济体制改革的目标是建立社会主义市场经济体制，经济体制改革的核心问题是处理好政府与市场的关系。虽然经过多年实践，我国社会主义市场经济体制已经初步建立并不断发展，但仍存在不少问题，如市场机制发挥作用的渠道不畅，政府部门之间权责划分不清等问题。

中国特色社会主义进入新时代，坚持新发展理念，加快完善社会主义市场经济体制，进一步深化经济体制改革，面临着如何进一步处理好政府与市场的关系问题。习近平总书记强调，"要坚持辩证法、两点论，继续在社会主义基本制度与市场经济的结合上下功夫，把两方面优势都发挥好，既要'有效的市场'，也要'有为的政府'，努力在实践中破解这道经济学上的世界性难题。"党的十九大报告强调，"使市场在资源配置中起决定性作用，更好发挥政府作用"，对进一步树立关于政府和市场关系的正确观念，具有重要指导意义。

处理好政府和市场的关系，一方面需要厘清政府与市场发挥作用的边界。市场是经济发展的主体，政府应在宏观层面上加强管理调控，制定合理的市场规则，规范秩序并建立诚信保障制度，为市场主体营造一个公平公正有序的发展环境。另一方面必须使市场在资源配置中起决定性作用，要正确认识并把握客观规律，通过完善市场机制，打破垄断，增强企业应对市场不确定性的变化的调整能力，提高企业的竞争力和要素资源配置能力。

强调市场在资源配置中起决定性作用，并不是说政府就无所作为，而是必须坚持有所为、有所不为，着力提高宏观调控和科学管理水平，更好发挥作用。政府的职责和作用主要是保持宏观经济稳定，加强和优化公共服务，保障公平竞争，弥补市场失灵，加强市场监管，维护市场秩序，推动可持续发展，促进共同富裕。

我国是发展中国家，尽快发展经济的任务迫切而繁重。这一背景决定了政府必须发挥更积极、更主动的作用，既注重发挥市场在资源配置中的基础性作用，又注重克服市场的缺陷和防范经济出现较大波动，努力实现经济持续稳定快速增长。当前，社会主义市场经济体制还不完善，体制转轨过程中出现的问题和矛盾需要及时化解，这也决定了我国政府承担的职能远比成熟市场经济国家更为广泛而复杂，需要政府发挥更多的作用。我国是社会主义国家，政府的根本功能是保障和推动经济社会全面发展，保障全体居民物质生活和精神生活水平不断提高。因此政府调控宏观经济的目标是多重的，而且会随着经济社会发展而不断发展变化。

更好发挥政府作用，既能够让广大群众放心消费，也能够促进新技术、新产业、新业态、新模式加快成长，增加公共产品和服务供给，是满足人民对美好生活新期盼的需要。一方面，政府要简政放权，减少对微观事务的管理，把该放给市场和社会的权放足、放

112

到位；另一方面，政府要在建设完善的市场体系、公平的竞争环境、独立的市场主体、完善的社会保障等方面主动作为，以改革激发活力，以法治规范市场。

总之，政府与市场是互为补充、相辅相成、相互促进的。既要遵循市场规律、善用市场机制解决问题，又要让政府勇担责任、干好自己该干的事。实践发展是永无止境的，在新时代的背景下，我们要继续探索社会主义基本制度与市场经济相结合的模式，更好地把握政府与市场的平衡，推动经济社会实现更高质量、更有效率、更加公平、更可持续的发展。

★ 福建观察

牢记政府前面的"人民"二字，努力建设
人民满意的服务型政府

马上就办，办就办好。1990 年，时任福建省福州市委书记的习近平同志率先提出"马上就办"的工作要求。30 年来，自福州落地生根的"马上就办"精神理念引领着福建发展进程，"规范、便民、廉洁、高效"的服务理念已内化于心、外化于行。以"放管服"改革为抓手，结合服务型政府建设，福建致力打造审批事项最少、办事效率最高、投资环境最优的省份。在 2019 年的政府工作报告中，继续强调要坚持以人民为中心的工作导向，加快建设人民满意的服务型政府。具体包括：

持续优化营商环境。对标最高水平，聚焦企业关切，深化"放管服"改革，加快打造市场化、法治化、国际化营商环境。深化商事制度改革，对 106 项涉企行政审批事项实施证照分离改革，企业开办时间压缩至 5 个工作日以内。推进固定资产投资项目审批制度

改革，全面推开工程建设项目审批制度改革，推广投资项目承诺制，房建、市政、交通、水利工程建设项目审批时间压减50%以上。全面实行市场准入负面清单制度，推动"非禁即入"普遍落实。深化市场监管综合执法改革，打造"双随机、一公开"监管升级版。优化"互联网十政务服务"，完善"政企直通车"，建设全省一体化掌上政务平台，实现"马上办、掌上办"。落实更大规模减税、更明显降费，大幅减轻企业负担。坚持"两个毫不动摇"，落实好促进民营企业加快发展的政策，建立亲清政商关系，开展"三个一百"活动，营造"懂民企、爱民企、帮民企"的良好氛围。弘扬企业家精神，造就优秀企业家队伍，增强企业内在活力和创造力。

加快建设法治政府。弘扬宪法精神、维护宪法权威，深入推进依法行政。健全依法决策机制，依法依规向本级人大及其常委会报告重大行政决策。加强重点领域政府立法，全面推行行政执法三项制度及行政规范性文件合法性审核机制。落实各项产权保护措施，依法保护企业家人身和财产安全。深化政务公开和权力运行网上公开，健全"政府承诺+社会监督+失信问责"机制，凡是对社会承诺的服务事项，都要履行约定义务，防止"新官不理旧账"，增强政府公信力，建设诚信政府。

大力践行马上就办。弘扬"马上就办、真抓实干"的优良作风，深化"四下基层"活动，大兴调查研究之风，强化机关效能建设，以钉钉子精神和滚石上山的韧劲，不折不扣落实党中央、国务院和省委的决策部署。解放思想、先行先试，创造性地开展工作。提高政策制定水平，完善政策执行方式，增强政策的精准性和有效性。开展"百项办事堵点"疏解行动，当好企业和群众的勤务员。大力选树和宣传先进典型，健全正向激励和容错纠错机制，统筹规范督查检查考核工作，激励广大干部新时代新担当新作为。

深入推进廉政建设。把党的政治建设摆在首位，认真贯彻省委

"八个坚定不移"具体部署，压紧压实全面从严治党主体责任。严格执行中央八项规定及其实施细则精神和福建省实施办法，开展形式主义、官僚主义集中整治。巩固拓展巡视整改成果，加强巡视巡察结果运用。自觉接受人大法律监督和工作监督、政协民主监督、监察机关监督，重视群众监督、舆论监督，更好发挥审计的重要作用，保持干部清正、政府清廉、政治清明。

★福建案例

厦门市"四个统一"打造全国工程建设项目审批制度改革总蓝本

厦门市认真贯彻国家、省关于深化"放管服"改革和优化营商环境的部署要求，坚持问题导向、目标导向，以推进城市治理体系和治理能力现代化为引领，以优化营商环境建筑许可指标、提高市场主体获得感为目标，统筹推动工程建设审批制度改革，不断推进统一审批流程、统一信息数据平台、统一审批管理体系、统一监管方式。其主要做法如下。

一、从"部门规划"向"多规合一"迭代，率先跑出改革"最先一公里"

率先推进"多规合一"改革，汇聚四大板块 22 个专题 249 个图层的空间规划数据，形成全域空间"一张蓝图"。建设"信息共享、业务共商、空间共管"的多规合一业务协同平台，依托平台以"一张蓝图"统筹项目实施，接入 349 个单位线上协同策划，提前化解规划矛盾，实现"一张蓝图统筹建设条件"，变"以项目定规划"为"以规划生项目"。构建共享协同、便捷高效的线上线下一体化项目决策机制，推行"一本可研、共同论证、共同决策"，明确项目关键指标要素，全国首创将气象探测环境保护、涉及国家安全审查、地名标准化等核查关口前移至策划阶段，有效解决项目落地难问题。创新推行项目策划生成"问题清单"与"审批服务清单"的双清单机制，进一步简化策划流程，目前已策划成熟落地的项目 3858 个。

二、从"审批孤岛"向"整体服务"升级，精准打造项目审批"快速道"

1. 以并联为脉络进行流程再造，实施分类管理。根据资金、类别及规模等项目要素精细划分项目类型，形成"17+4+4"的审批新模式（即 17 种项目类型分类申报、4 个审批阶段并联审批、4 条工作主线并行推进），量身定制审批流程，梳理公布审批事项清单，全面构建"全流程"并联审批机制，重点提升小型建设项目快速审批机制。

2. 以共享为主线打造"一个系统"，实施统一监管。打造"横向到边，纵向到底"的工程建设项目审批管理系统，将 109 家部门、911 个事项全部纳入统一监管，厦门市审批权限内的非涉密建设项目 100％在线运行，对手续办理合规性及时效性进行全程监管，批文证照由系统自动调取应用；部门间业务意见征询由部门通过系统自主发起。

3. 以协调为抓手构建考评体系，提升服务质量。在政务中心专设机构协调督办改革全过程、审批全流程，确保审批顺畅运行。推行"好差评"及第三方评估制度，不断提升市场主体获得感。基本建成全流程、全覆盖、时限短、流程优的工程建设项目审批管理体系，一般工程建设项目审批时限从 308 个工作日压减到 50—90 个工作日以内；小型社会投资工业项目竣工验收前审批事项推行告知承诺制，即来即办，审批时间压减到 15 个工作日以内。

三、从"问题清单"向"改革清单"升级，全力破解建筑许可流程"中梗阻"

1. 在精简环节上出实招，打通痛点堵点。通过"减、放、并、转、调"，累计取消33项审批服务事项及115项审批前置条件，下放65项审批服务事项，将32个审批服务事项合并为11个事项办理，转变47个事项办理模式，调整24个事项办理顺序，优化办理环节。

2. 在放权减负上亮硬招，为企业松绑解绊。"一张表单"整合立项用地许可到竣工验收阶段的申报材料从373份精简到57份；公布景观艺术评审、日照分析、三维建模、修建性详规、水土保持方案审批等5份负面清单及工程规划许可及施工图审查豁免清单；率先发布《生态环境准入清单》，明确相应的准入要求和管控措施，实施禁止、限制、许可、审批告知承诺、豁免5大类差异化准入清单管理；工程规划许可、环评审批等34个事项推行告知承诺制，强化事中事后监管和信用监管。厦门市工程建设领域45%事项实现"一趟不用跑"，100%事项实行容缺受理，打通审批绿色通道。

3. 在集成服务上见真招，推进部门协同。设立跨部门的工程建设项目综合窗口，一窗受理、后台流转、统一送达、集成服务；在6大功能片区开展区域综合评估，变项目业主逐家申请评审为政府统一整体把关，如已完成的3个环境影响区域评价为企业节约文件编制费用超百万元以上、审批时限近万个工作日；整合供地手续环节，推行"交地即交证"，土地挂牌出让成交到发放不动产权证从30个工作日缩短到7个工作日；提供设计方案联合技术指导服务，把"被动管理"变为"主动服务"；落实消防、人防等6个专业纳入施工图审查的"多图联审"，全面推行施工图审查政府购买服务及电子审图，累计1900个项目实行多图联审，近1200个项目施工图审查由政府"埋单"，为企业节约成本 3000 多万元；实行"多测合一""联合验收"，将各专项验收事项及竣工验收备案事项合并为一个综合验收事项办理。

四、从"重审批"向"严监管"转变，坚持跑好改革"最后一公里"

1. 完善工程建设信用奖惩机制。建立"一个办法＋两个清单"联合奖惩机制。工程建设领域相关部门已出台 8 份联合奖惩实施细则，发布 14 份涉及建筑、港口、安监、施工等行业的信用信息管理制度。厦门市园林绿化施工企业信用管理制度是福建省内该行业最早出台的地方管理办法，也是全国最早建立该领域信用监管机制的城市之一。

2. 红黑名单助力分类审批监管。"信易批"是厦门市应用信用红名单的创新亮点，即对诚信典型或连续三年无不良信用记录的行政相对人提供"绿色通道"和"容缺受理"等审批便利服务，在组织各种检查活动时采取少查、免查或委托自查的方式，在市场准入、资质资格管理、招标投标、评先评优等方面给予重点支持；列入"黑名单"的市场主体将成为事中事后重点监管对象。

3. 建立信用智慧监管系统。工程建设项目审批信息纳入信用厦门平台，目前 19 类违法建设的 67 种失信行为列入"黑名单"数据库，实现工程建设审批领域信用信息互联互通，部门实时获取项目申报企业信用报告及被列入"红黑名单"的具体信息，从而判断是否执行"信易批"或"重点管"等措施。搭建工程建设项目中介网上服务大厅创新"一网管中介"，通过服务机构网上备案、服务合同网上签订、服务节点网上监督、服务质量网上评价、服务信用网上公示等信息化手段对工程建设涉及中介服务进行全过程信用监督，同时作为行业信用考评的重要依据。目前已有 70 项中介服务事项、

783 家中介机构、10543 个建设项目纳入管理。

厦门工程建设审批制度改革工作多次得到国务院领导肯定。2018 年，国务院办公厅两次通报厦门市的典型经验，各地积极推进以"厦门模式"为蓝本的工程建设项目审批制度改革。2019 年，全国营商环境评价中厦门市"办理建筑许可指标"位居前列，"规范工程规划许可办理"及"完善多规合一业务协同机制"等被住建部纳入工程建设项目审批制度改革典型经验在全国复制推广。

企业的高质量发展

应该鼓励和支持企业成为研发主体、创新主体、产业主体，鼓励和支持企业布局前沿技术，推动核心技术自主创新，创造和把握更多机会，参与国际竞争，拓展海外发展空间。

——2016 年 4 月，习近平总书记在网络安全和信息化工作座谈会上的讲话

★ 主题解读

夯实经济高质量发展的微观主体

微观主体有活力，高质量发展才有源头活水。经济高质量发展的实现最终取决于企业的高质量发展。现今，我国正处在中华民族伟大复兴的战略全局和世界百年未遇之大变局的背景之下，开启了全面建设社会主义现代化国家的新征程。我国的各个企业，尤其是大型企业应该要善于认知变化、追求变化、应对变化，勇于在危与机的转变中抓住机遇，实现高质量发展。

党的十八届三中全会指出："公有制经济和非公有制经济都是社

会主义市场经济的重要组成部分，都是我国经济社会发展的重要基础。"国有企业和民营企业之间的良性竞争、相互协作、共同发展，为我国经济的稳固和发展起到了重要支撑作用。党的十九大报告重申要"毫不动摇巩固和发展公有制经济，毫不动摇鼓励、支持、引导非公有制经济发展"，并强调要"推动国有资本做强做优做大""激发各类市场主体活力"，这些举措将极大推动我国的高质量发展。党的二十大报告指出，"深化国资国企改革，加快国有经济布局优化和结构调整，推动国有资本和国有企业做强做优做大，提升企业核心竞争力。优化民营企业发展环境，依法保护民营企业产权和企业家权益，促进民营经济发展壮大。"所以，只有国有企业和民营企业相互合作、良性竞争、共同发展，才能为中国高质量发展保驾护航。

一、国有企业的高质量发展

在企业高质量发展中，国有企业起到"领头羊"作用。国有企业是国民经济的主导力量，不仅对国家安全和民生起到重要的保障作用，同时也对国家基础设施建设发挥至关重要的作用。过去，国有企业对我国快速工业化以及建立完整的工业体系做出了重要贡献；未来，国有企业将担任中国"一带一路"建设的主力，是中国经济的"稳定器"。2018年政府工作报告中对国有企业明确提出"要通过改革创新，走在高质量发展前列"的要求，从中可以看出国家已经将国有企业改革创新与中国高质量发展紧密联系在一起，国有企业高质量发展对中国经济发展起到了巨大作用。

国有企业高质量发展有以下路径。

第一，建立灵活的市场化企业机制。随着经济的发展，国有企业现有的运行机制不健全问题制约了其可持续发展。从外部情况看，国企较易受到不合理的行政干预，一些地方政府为了完成经济目标、追求高政绩，对国有企业的投资决策进行干预，降低了国企的资产配置效率；从内部情况看，国企由于管理层级较多，导致决策下达缓慢，管理效率低下，加上市场化的选人用人机制和激励约束机制尚未完全建立，也容易造成员工工作缺乏积极性，同时还可能存在一定的委托代理问题。这些内外部因素都给国企的高质量发展带来阻碍。所以国有企业要想实施高质量发展战略，首要任务就是解决体制机制问题，建立一套符合中国特色社会主义市场经济的现代企业制度。中央政府要贯彻落实《关于深化国有企业改革的指导意见》，"坚持社会主义市场经济改革方向，国有企业改革要遵循市场经济规律和企业发展规律，坚持政企分开、政资分开、所有权与经营权分离，坚持权利、义务、责任相统一，坚持激励机制和约束机制相结合，促使国有企业真正成为依法自主经营、自负盈亏、自担风险、自我约束、自我发展的独立市场主体。"同时，国有企业自身也要建立健全市场化内部经营机制，企业生产以市场需求为导向，调整生产结构、淘汰落后产能、扩大市场份额，让国有企业更好地适应不断变化的市场需求。

第二，发展公司新动能。新动能可以在高质量发展道路上为国有企业提供源源不断的动力。过去，国有企业主要通过资源依赖和低劳动成本投入获得早期的快速成长。但是随着经济的发展和技术的进步，传统要素的大量投入已经不能给企业带来可持续的增长，所以国企需要实现动能转换，快速发展新动能，转变企业发展方式，将传统资本和劳动力等要素投入转向创新驱动。党的二十大报告指出，必须坚持"创新是第一动力"，坚持"创新在我国现代化建设全局中的核心地位"，"加快实施创新驱动发展战略，加快实现高水平科技自立自强"，而国有企业在创新实践中将发挥重要作用。

第三，提升国有企业创新能力。党的十九届五中全会指出，我国已经转向高质量发展阶段，在这一阶段机遇和挑战并存，其中一项挑战就是我国创新能力不适应高质量发展的要求。国家要想实施创新驱动发展战略，就离不开企业尤其是大型国有企业的技术创新。而提高创新能力是国有企业高质量发展的根本。国有企业要想提高创新能力，就需要创建和培育高素质创新人才队伍，瞄准世界科技前沿加大研发投入，构建完善的企业创新生态系统，营造良好的企业创新氛围。

第四，提升企业形象，做好模范带头作用。国有企业肩负着保护国家安全、保障国民经济运行的重要使命，应该在高端前沿战略性产业方面贡献重要力量，在推动高质量发展、提高自主创新能力、保护生态环境、加快转型升级、履行社会责任等方面做出更多表率。

二、民营企业的高质量发展

改革开放以来，伴随着国家经济体制的转型，我国民营企业得到了飞速的发展，民营经济经历了从无到有、从小到大、从弱变强的艰难发展历程。民营企业在稳定经济增长、优化经济结构、促进技术创新、增加就业机会、改善社会民生等方面发挥了巨大作用，推动了我国经济与社会的稳定发展。

2018年11月1日，习近平总书记在民营企业座谈会上强调指出："民营经济是我国经济制度的内在要素，民营企业和民营企业家是我们自己人。民营经济是社会主义市场经济发展的重要成果，是推动社会主义市场经济发展的重要力量，是推进供给侧结构性改革、推动高质量发展、建设现代化经济体系的重要主体，也是我们党长期执政、团结带领全国人民实现'两个一百年'奋斗目标和中华民族伟大复兴中国梦的重要力量。在全面建成小康社会、进而全面建设社会主义现代化国家的新征程中，我国民营经济只能壮大、不能弱化，不仅不能'离场'，而且要走向更加广阔的舞台。"从中可以看出，推动民营企业健康发展，鼓励民营企业技术创新，让民营企业在经济市场上更具活力，对推动中国高质量发展有着重要意义。

民营企业的高质量发展需要内外形成合力。

从内部看，要鼓励企业创新，营造良好创新氛围。民营企业的高质量发展，关键在于企业要始终保持创新的势头和活力。当下，我国民营企业正在做大做强，为了拓宽市场份额，纷纷走出国门，积极拓展海外市场。在这样一个国际化背景下，传统的资源依赖型、低劳动力要素成本型企业战略已经不能完全适应竞争日益激烈的国际市场，民营企业要想在世界经济舞台上占有一席之地，就必须要不断进行技术创新，在前沿高科技领域崭露头角。民营企业要想持续保持创新活力，首先要转变经营思路，将原来的传统的资源依赖和低劳动力成本要素投入等经营战略转变为创新发展战略，民营企业需要积极吸纳和培养技术人才，加大创新研发投入；其次是要进行产业转型，民营企业要发展自身核心技术，争取从价值链中低端产业转向中高端产业，从以前制造型企业转变为创造型企业。

从外部看，要全面优化营商环境建设。良好的营商环境是民营企业高质量发展的重要保障。要优化营商环境，释放民营企业的生产力。2015 年 5 月，国务院召开全国推进简政放权放管结合职能转变工作电视电话会议，首次提出了"放管服"改革的概念。"放管服"三个方面同时推进，助力营商环境全面优化。其中，"放"就是简政放权，意思是中央政府下放行政权，减少没有法律依据和法律授权的行政权，这样使得民营企业花最少的钱，跑最少的路，交最少的材料，找最少的部门，在最短的时间内，按最喜欢的方式，在最自由的时间段和最方便的网点，获得政府最高效、最规范、最便捷、最满意的服务，大大提升了事务处理效率；"管"就是放管结合，意思是政府部门要创新和加强监管职能，利用新技术新体制加强监管体制创新，比如政府可以利用大数据平台，开发一体化移动便民服务平台，将一些线下窗口受理业务移动到线上，让企业可以在线上轻轻松松完成手续办理，这样既提高了效率，又节省了成本；

"服"就是优化服务，意思是转变政府职能减少政府对市场进行干预，让市场自动调节，保持市场主体的自主决策的活力。"放管服"三管齐下，可以全面优化营商环境建设，使民营企业保持生产和创新活力，促进民营企业高质量发展。

此外，要切实做好民营企业纾困解难工作。过去，民营企业，特别是小微企业，在生产运营、企业融资、产业转型等方面有着较大的困难，这严重阻碍了民营企业的发展。2020 年以来，新冠疫情对中国经济造成了巨大的冲击，很多民营企业，特别是中小微企业面临着前所未有的困难，它们的发展受到了巨大的阻碍。习近平总书记在企业家座谈会上强调，"落实好纾困惠企政策""确保各项纾困措施直达基层、直接惠及市场主体"。事实上，政府已出台了很多政策为民营企业纾困解难，比如，为了应对中小微企业融资难问题，政府出台了中小微企业贷款延期还本付息政策，对普惠型小微企业贷款应延尽延，同时建设创新融资担保平台，增加企业获得贷款的便利程度，引导资金流向实体经济和民营企业。

★福建观察

福建省支持中小企业发展的十条措施

中小企业在推动福建省经济增长、稳定就业、激发创新活力、促进社会和谐稳定等方面发挥了不可替代的作用。福建省中小企业创造了约 57% 的税收、61% 的 GDP、73% 的科技成果、82% 的就业岗位、99% 以上的企业数量，2017 年全省规上中小企业工业增加值 8402.4 亿元，增长 8.4%。但近年来福建省中小企业发展也面临着增长下行压力大、融资难融资贵、创新能力不足、管理水平不高等困难和问题。为此，2018 年，福建省人民政府出台了促进中小企业发展十条措施，这是福建省首次以省政府文件形式出台专门针对中小企业的扶持政策。10条措施致力于破解中小企业发展面临的困难和问题，营造有利于中小企业发展的良好环境，促进福建省中小企业实现高质量发展。

1. 强化组织领导。成立由省政府分管副省长担任组长的福建省促进中小企业发展工作领导小组，要求各市、县（区）建立相应领导机制和协调机制，为中小企业发展提供组织保障。

2. 加大财政支持。设立中小企业发展专项资金，重点支持中小企业创业创新、公共服务体系和融资服务体系建设。

3. 加强融资促进。一是加大信贷支持力度。建立小微企业差别化监管机制，将小微企业贷款的不良率控制在不超过各项贷款平均不良率2个百分点的水平，实现小微企业贷款"两增两控"目标（"两增"即单户授信总额1000万元以下（含）小微企业贷款同比增速不低于各项贷款同比增速，贷款户数不低于上年同期水平，"两控"即合理控制小微企业贷款资产质量水平和贷款综合成本）。二是支持直接融资。支持企业通过上市挂牌、定向增发、发债、资产证券化等方式直接融资，推动中小企业在海峡股权交易中心进行股权托管，支持符合条件的中小企业债转股，大力发展股权融资，鼓励各市、县（区）出台基金支持政策。三是实施应收账款融资等新型融资模式。安排专项资金推动应收账款融资工作试点，按中小企业通过应收账款获得融资额不超过1%的比例，给予大企业和供应链核心企业最高不超过200万元的奖励。四是妥善解决大企业拖欠小企业货款问题。对失信典型企业采取公开曝光和取消财政性项目资金支持等方式予以约束。将违约拖欠中小企业资金事项纳入国有企业指标绩效考评机制，倒逼国有企业依法按约及时给付应付中小企业款项。五是推进工业企业补办不动产权属登记。推动各市、县（区）出台具体实施办法，帮助工业企业补办不动产权属登记。六是深化产融合作。推动省"产融云"平台建设，支持市、县（区）举办产融合作对接会。七是扩大政策性担保合作面。对省再担保公司、政策性融资担保机构开展的符合条件的比例分担再担保业务，予以保费补贴；对为小型和微型企业提供贷款担保的担保机构，予以风险补偿。

4. 支持"专精特新"发展。力争到 2020 年，入库培育企业20000 家，新认定省级"专精特新"中小企业 500 家以上。对经认定的省级"专精特新"中小企业给予不低于 10 万元的奖励。

5. 支持创新发展。发挥"创响福建"中小企业创新创业大赛等平台作用，激发"双创"活力，促进大中小企业协同创新发展。

6. 实施梯度培养。一是推动"个转企"。对"个转企"的小微企业给予不低于 5 年的过渡期，对过渡期内账证不健全的转型企业征税可以实行核定征收。"个转企"过程中，对符合条件办理的土地、房屋权属划转事项，免征契税和交易手续费。二是推动"小升规"。鼓励市、县（区）对新增规上工业企业给予一次性奖励。至2019 年 4 月 30 日止，对新增规上工业企业，落实停止征收江海堤防工程维护管理费政策。三是推动"规改股"。鼓励市、县（区）出台具体奖励措施，支持规上企业进行股份制改造。四是推动"股上市"。对在"新三板"和海峡股权交易中心挂牌交易的小微企业给予一次性不超过 30 万元的补助。鼓励各市、县（区）出台、落实支持企业上市的奖励措施。

7. 支持开拓市场。对规上工业企业中标项目给予奖励，鼓励企业通过福建省工业品网上博览会平台进行产品宣传展示，发挥省级电子商务发展资金的引导作用，推动闽货上网拓展市场。

8. 优化企业服务。一是推动企业"上云"。开展"万企上云"行动计划，鼓励云平台服务商用优惠折扣、云代金券等形式，促进企业"上云"。二是用好平台网络。对全省中小企业公共服务平台网络运营服务情况进行评价，对符合条件的平台给予最高 30 万元的运营补助。三是延伸服务触角。完善市、县级中小企业服务机构，积极探索实践中小企业公共服务政府购买机制，降低中小企业服务成本。四是用好"政企直通车"。加快建设市、县（区）"政企直通车"，提升平台使用率和问题办理率。五是促进管理提升。鼓励组织开展各类促进企业管理提升活动，统筹省、市资金给予一定补助。

9. 提升企业人才支撑。对符合条件的创新创业预备项目团队，给予最高 200 万元资助。探索建立人才评价及资助机制，鼓励和支持优秀企业经营管理人才申报省高层次人才和创业人才项目，构建"项目+人才+技术+资本"常态对接机制。

10. 强化监督检查。发挥省促进中小企业发展工作领导小组作用，不定期开展政策落实情况督查，委托第三方机构定期开展全省中小企业发展环境评估工作，并向社会公布评估结果。

★ 福建案例

宁德时代的高质量发展之路

宁德时代成立于 2011 年，是国内率先具备国际竞争力的动力电池制造商之一，专注于新能源汽车动力电池系统、储能系统的研发、生产和销售，致力于为全球新能源应用提供一流解决方案。它的核心技术包括在动力和储能电池领域，材料、电芯、电池系统、电池回收二次利用等全产业链研发及制造能力。2017 年该公司动力锂电池出货量全球遥遥领先，达到 11.84GWh。该公司已与国内外多家主流车企建立合作关系，其中包括：上汽、吉利、北汽、广汽、长安、东风、江铃等合资和本土车企以及蔚来、威马、小鹏等造车新势力，还有金龙、宇通等客车以及海外客户宝马、戴姆勒、现代、捷豹路虎、标致雪铁龙、大众和沃尔沃等国际车企品牌。宁德时代成功在全球市场上占据一席之地，也成为国内率先进入国际顶尖车企供应链的锂离子动力电池制造商。近两年来，宁德时代的动力电池销量都位居世界第一，被公认为动力电池领域的独角兽企业。

在短短 9 年时间内，宁德时代快速成长为市值接近 2000 亿的独角兽，主要原因是该企业始终走在高质量发展道路上，具体体现在以下几个方面。

首先，宁德时代十分重视技术研发和创新。2015 年、2016 年、2017 年和 2018 年宁德时代研发费用占当年营业收入的比例分别为 4.93%、7.27%、8.02%、6.72%，总计分别为 2.81 亿元、10.81 亿元、16.03 亿元和 19.91 亿元。2019 年公司继续增加研发资金的投入，金额高达 29.92 亿元，占营业收入的比例为 6.53%，投资金额较去年提升 50.28%。截至 2019 年底，宁德时代拥有研发技术人员 5364 名，公司及其子公司共拥有 2369 项境内专利及 115 项境外专利，正在申请的境内和境外专利合计 2913 项。所以，宁德时代在研发费用投入方面持续发力，不但研发费用的绝对金额比竞争对手要高，而且研发费用占营业收入的比重也处在行业前列；对人才引进和培养方面，宁德时代依旧是大手笔，公司充分认识到人才是技术研发的基础，因而非常重视对人才的激励，在多次增资发展过程中，通过多个平台实施了员工持股计划，主要高管和核心骨干都能通过持股分享公司发展红利。综上，持续增长的研发资金投入以及高端技术人才的聘用、培养和激励，让宁德时代悄然成为电池行业的黑马。与此同时，宁德时代还凭借优秀的研发能力申报了大量国家级、省级科研项目，这些项目反过来进一步促进了宁德时代技术研发的进步。

其次是高端产业链和前沿技术的率先布局。宁德时代通过继承 ATL 的技术积累，掌握了从材料、工艺与设备、电池模组、电池包管理及电池开发的全产业链技术，这给公司提前布局高端锂电池正极技术提供了坚实的基础。公司核心管理团队凭借深厚的专业背景与丰富的实践经验，在判断市场方向和技术路线方面具有很好的前瞻性，针对新能源商用车领域提前布局了磷酸铁锂技术路线产品，针对新能源乘用车领域布局了高能量密度和高功率密度的三元材料产品，也因此确立了公司在市场上的领先地位。

最后是大力抢占市场的策略布局。宁德时代的快速发展还离不开其基于多年行业积累形成的先发优势，为其抢占更多市场份额夯实了基础。宁德时代在开拓市场方面有自己的策略，在与下游客户合作上并不仅限于供应电池，而是采用合资或由车企参股公司的方式进行深度绑定，通过率先切入龙头客车企业，享受到了国内第一波电动化的红利。同时，保持客户结构不断优化，也是宁德时代能成长为"独角兽"的关键因素之一。宁德时代一直放眼全球，寻求与高质量客户的合作机会。早在 2014 年，宁德时代就已成立德国时代新能源科技有限公司，目前，其在美国、加拿大、法国、日本等国家与地区均设有分支机构。近两年是宁德时代海外布局的收获期，凭借国际领先的技术水平和产能与产业链上的明显优势，宁德时代陆续进入了大众、戴姆勒、捷豹路虎、本田等国际一流车企的全球供应链体系，参与全球动力电池市场这块大蛋糕的瓜分。

技术研发和创新、高端产业链布局以及快速抢占市场的策略使得宁德时代迅速成长为汽车电池界的"独角兽"。

家庭的高质量发展

我们要重视家庭文明建设，努力使千千万万个家庭成为国家发展、民族进步、社会和谐的重要基点，成为人们梦想启航的地方。

——2016 年 12 月 12 日，习近平总书记在会见第一届全国文明家庭代表时的讲话

★ 主题解读

夯实家庭高质量发展的基础

家庭是社会的细胞，家庭的兴旺和谐是社会繁荣发展的重要基础。社会的高质量发展归根结底就是一个个家庭的高质量发展。众多社会组织中，家庭是每个个体最为依赖和最为亲近的，也是对个人的生活质量和全面发展水平影响最深的；同时，家庭也是所有社会组织中对于外部环境反应最为敏感和迅速的。

中国是世界上人口最多的国家，也是家庭数量最多的国家，共有 4.3 亿户左右的家庭，占全世界的 1/5。作为世界上最大的发展中国家，中国正经历着深刻的变革，经济发展方式、社会环境、人口结构等都给广大家庭带来前所未有的挑战。但是，正如习近平总书记深刻指出的，无论时代如何变化，无论经济社会如何发展，对一个社会来说，家庭的生活依托都不可替代，家庭的社会功能都不可替代，家庭的文明作用都不可替代。要让千千万万个家庭成为国家发展、民族进步、社会和谐的重要基点。因此，我们必须重视家庭的高质量发展。

关于提升家庭发展质量的课题，我国早有研究，在"十二五"纲要规划中就明确将"提高家庭发展能力"作为未来人口工作的重要组成部分，强调了家庭在人口发展中的作用，要求把家庭作为促进社会和谐稳定的着力点。其中家庭发展能力是指家庭凭借其所获取的资源满足每一个家庭成员生活与发展需要的能力，包括基本经济能力，子女抚养、教育，老人赡养、医疗等支持能力，社会交往能力，风险应对能力等，无不与家庭发展质量息息相关。

提升家庭发展质量，首先要确保家庭最基本的经济能力，这是所有家庭发展能力的基础。其中脱贫是提升家庭收入、改善家庭经济状况的底线要求。党和政府提出了"两不愁、三保障"要求，确保贫困人口不愁吃、不愁穿；保障贫困家庭孩子接受九年义务教育，确保有学上、上得起学；保障贫困人口基本医疗需求，确保大病和慢性病得到有效救治和保障；保障贫困人口基本居住条件，确保住上安全住房。主要的脱贫途径包括发展生产、异地搬迁、生态补偿、发展教育、社会保障兜底，应当根据不同地区、不同家庭的情况，因地制宜，采取最适合最恰当的方式和政策。

2014 年，全国 832 个贫困县名单公布，涉及 22 个省区市。其中，贫困县覆盖率最高的是西藏，全区 74 个县都是贫困县。当时，全国贫困县的面积总和占国土面积一半，全国大约每三个县中就有一个是贫困县，完全没有贫困县的省份只有 9 个。从 2016 年开始，我国贫困县逐年脱贫，退出数量在 2019 年达到峰值。连续 7 年来，我国每年减贫人口都在 1000 万人以上，贫困人口从 2012 年底的 9899 万人减至 2019 年底的 551 万人，贫困发生率从 10.2% 降至 0.6%。2020 年初，国务院扶贫开发领导小组对 2019 年底未摘帽的 52 个贫困县实施挂牌督战。2020 年 11 月 23 日下午，贵州省正式宣布该省的 9 个县退出贫困县序列，这标志着国务院扶贫办确定的全国 832 个贫困县全部脱贫摘帽，全国脱贫攻坚目标任务已经完成。

决战决胜脱贫攻坚、全面建成小康社会后，要更注重建立合理的分配机制，持续提升低收入人群的收入，不断缩小社会贫富差距，这是改善民生、实现发展成果由人民共享最重要最直接的方式。国内外的理论与实践表明，形成合理有序的收入分配格局是经济社会可持续发展的重要保证。在此过程中，收入再分配调节机制的作用发挥至关重要。所谓再分配主要是指国家通过税收、财政转移支付、社会保障和社会救助等方式对初次分配结果进行调节的过程。从国际经验来看，很多收入分配差距较小的发达国家，初次分配后的基尼系数并不小，一般是通过再分配手段的调节，才把基尼系数降到合理的范围。

尽管党中央高度重视收入再分配调节机制的不断完善，在税收、社会保障、财政转移支付等方面提出了一系列具体的举措，对于优化收入分配格局取得了明显成效。但是由于我国的收入分配格局是长期积累形成的，短期内难以得到根本性改变。目前收入分配差距仍然较大，同时，城乡之间、区域之间、行业之间等收入差距也依然较大。另外，收入两极化的问题仍较为严重，少数人占据较多财富的现象十分突出。

如果收入分配差距过大、分配格局不合理的情况得不到明显改变，人民群众难以共享到发展的成果，势必会严重影响到经济社会的可持续发展。因此，我们要增大按劳分配在初次分配中所占的权重，履行好政府再分配调节职能，以缩小收入分配差距。

除了提升收入外，家庭的高质量发展还要考虑具体民计民生的解决，必须加快推进基本公共服务均等化。虽然近年来，国家在推进基本公共服务均等化方面做了大量工作，但是总体而言，公共服务差距仍然较大，一些经济相对落后的地区，享受到的教育、医疗、住房等基本公共服务水平仍然较低，这不仅会对家庭当期的收入带来直接的影响，特别是教育等服务水平较低，还会影响到下一代的收入能力及调节问题。

从家庭自身情况看，现阶段我国家庭呈现出规模小型化、类型多样化，养老照护和医养结合需求较大，流动家庭与留守家庭成为常态家庭模式等特征，这也需要更加有力的实际行动，制定完善相关政策措施，让广大家庭享受均等的基本公共服务。

我们要以普惠性、保基本、均等化、可持续的目标要求，提升公共服务的共建共享水平。一是在财力允许的范围内，尽可能加强对于经济欠发达地区的义务教育、就业服务、社会保障、基本医疗和公共卫生、公共文化、环境保护等基本公共服务的支持，提高基本公共服务的均等化水平。二是从普惠和保基本的目标出发，科学合理设定准入条件，避免一些低收入群体享受不到基本的公共服务。三是尽可能消除户籍、身份、财富条件等因素对于居民平等享有基本社会公共服务权利的影响。

★ 福建观察

福建加快社会事业发展补齐民生短板

习近平总书记强调："全面建成小康社会突出的短板主要在民生领域，发展不全面的问题很大程度上也表现在不同社会群体民生保障方面。"因此，补齐民生社会事业短板，事关全面建成小康社会目标实现，事关坚持党的根本宗旨和执政理念，事关中华民族伟大复兴中国梦的历史进程。

改革开放以来，福建省在加快经济发展的同时，持续加大民生投入，有力推动社会事业加快发展，不断提高人民生活质量和水平。但与人民群众过上更加美好生活的期待相比，福建省社会事业领域还有不少薄弱环节，特别是教育、卫生与健康、养老和城乡民生基础设施等领域短板比较明显，必须加快补齐，不断增进民生福祉，让人民群众有更多的获得感。

福建省加快社会事业发展补齐民生短板的目标是：到 2020 年，社会事业发展水平与经济发展水平基本相适应，公共服务体系更加完善，供给能力显著增强，"学有所教""病有所医""老有所养""宜居宜业"等基本公共服务保障能力和水平迈上新台阶。社会事业重点领域主要指标高于全国平均水平，力争达到东部地区平均水平。具体目标为：

一是优质教育公平可及。各类教育资源总量扩大，教育各项主要指标进入全国第一方阵，学前三年入园率超过 98%，义务教育巩固率稳定在 98% 以上，高中阶段毛入学率超过 96%，高等教育毛入学率达到 53%，基本满足人民群众获得更好教育的愿望。

二是人民健康水平不断提升。医药卫生体制改革持续深化，建立覆盖城乡的基本医疗卫生制度，主要健康指标保持在全国前列，每千常住人口医疗机构床位 6 张，城乡居民国民体质达标率 90% 以上，人均预期寿命 78.29 岁，健康福建建设迈上更高层次。

三是养老服务体系基本形成。居家社区养老和机构养老协调发展，基本养老服务覆盖全体老年人，每千名老年人拥有养老床位数 35 张以上，打响"清新福建·颐养福地"养老品牌。

四是城乡民生基础设施体系更加完善。堵、涝、污等得到有效治理，城市建成区平均路网密度 8 公里/平方公里，人均公园绿地面积 14.1 平方米，市县生活污水、垃圾处理率分别达到 94% 和 98% 以上，基本实现乡镇村庄生活污水垃圾处理全覆盖，建成便捷舒适的宜居宜业环境，生态文明试验区建设取得新进展。

福建省加快社会事业发展补齐民生短板的具体举措包括：

一要围绕办人民满意的教育，加快补齐教育事业短板。普惠性学前教育重点要扩供给，义务教育重点要调结构，高中教育重点要抓质量，职业教育重点要促融合，高等教育重点要上水平，朝着优质、均衡、特色的方向，努力建设教育强省和人才强省。

二要围绕建设"健康福建"，加快补齐医疗卫生事业短板。坚持健康优先战略，加快完善医疗卫生服务体系和公共卫生服务体系，努力为人民群众提供全生命周期的卫生与健康服务；坚持扩总量与调结构并重，着力解决医疗卫生资源供需矛盾；坚持做优"塔尖"与夯实"塔基"并重，着力提升医疗服务能力；坚持抓疾病治疗与抓健康服务并重，着力落实预防为主的健康策略。

三要围绕构建多层次养老服务体系，加快补齐养老服务短板。要优先发展居家社区养老服务，更好发挥机构养老的补充作用，推进医养深度结合，大力发展老龄产业，根据《福建省"十四五"老龄事业发展和养老服务体系规划》的要求，到2025年，进一步扩大覆盖城乡、分布均衡、功能完善、结构合理、融合健康、高效利用、惠及全民的养老服务供给。

四要围绕构建宜居宜业环境，加快补齐城乡民生基础设施短板。对城市，要大力实施畅通工程，有效缓解停车难问题，大力实施防洪防涝工程，加快老城区雨污分流和截污工程，突出解决交通拥堵、停车难、内涝、污水、垃圾和黑臭水体等问题。对农村，要因地制宜、分类施策，选择合适的污水治理技术路线，积极探索"户分类、村收集、镇中转、县处理"的城乡一体化垃圾处理模式，突出解决污水和垃圾治理问题。

★福建案例

宁德模式的时代特征

宁德模式是习近平同志扶贫开发战略思想的成功实践，是以

"精神扶贫"为先导、"靠山念海"为特征、"三产联动""造福工程"为途径的连片贫困地区扶贫开发的范式。具体来说，主要有以下几个特征。

一、强调精神扶贫，扶志扶智要先行

习近平总书记指出："一个人不怕被别人打倒，最怕自己被自己打倒，一个组织也一样。"摆脱贫困也是这个道理。要树立"弱鸟先飞"的赶超意识，弘扬"滴水穿石"的坚韧意志。"地方贫困，观念不能'贫困'。'安贫乐道'，'穷自在'，'等、靠、要'，怨天尤人，等等，这些观念全应在扫荡之列。""我们要把事事求诸人转为事事先求诸己。"经济落后地区的发展"没有什么捷径可走，不可能一夜之间就发生巨变，只能是渐进的，由量变到质变的、滴水穿石般的变化。"

近 30 年来，宁德各级党委政府秉承这一思想，在实践中重视治穷与治愚相结合，从思想上、精神上帮扶，帮助村民树立战胜困难、摆脱困境的信心和斗志。有"中国扶贫第一村"称号的福鼎市赤溪村，当年全村 22 户村民毅然决然告别祖祖辈辈居住的地方，搬出大山，所依靠的正是这种精神。经历 10 年"输血"就地扶贫、10 年"换血"搬迁扶贫、10 年"造血""旅游 + 产业"扶贫的艰苦历程，告别了"早出挑柴换油盐，晚归家门日落西"的苦日子。2016 年，该村人均收入达 1.3 多万元，是 1984 年的 70 倍，人均住房面积 36.5 平方米，是 1984 年的 4 倍。终于彻底实现了从"贫困村"向"小康村"的转变。

二、注重因地制宜，三产联动谋发展

20 世纪 90 年代初，宁德就抓住国务院批准闽东为"开放促开发扶贫综合改革试验区"的历史机遇，精心组织实施"八七扶贫攻

坚"计划，努力推动"造福工程"，探索出一条因地制宜的"三产联动"发展路径。

在农业先动方面，充分利用山海资源优势，"靠山念海"，树立"大农业"思想，大力发展"三色经济"（即绿色林业经济、白色水电经济、蓝色海洋经济）。

在工业带动方面，充分发挥落户宁德的福建青拓集团等冶金产业的龙头带动作用，持续推进电机电器、食品加工、合成革等传统产业的转型升级，通过每个贫困县建设 1 个以上工业园区（或集中区），带动农村劳动力转移，实现就业脱贫。

在服务业推动方面，引导贫困乡村群众"农忙种地、农闲经商"，鼓励农民参与农林牧副渔业配套的加工、储存、包装、运输、供销等服务业。

三、坚持"四下基层"，转变作风促发展

习近平同志在宁德工作期间，就大力推行"四下基层"的工作制度。通过实践的检验，在 1990 年 1 月召开的宁德地委工作会议上，习近平同志首次对"四下基层"进行了完整的阐述。他强调，"去年开始的宣传党的路线方针政策下基层、信访接待下基层、调查研究下基层、现场办公下基层的做法要坚持下去。"并要求全区各级领导干部把"四下基层"作为一项重要的工作方法全面推开并长期坚持。习近平在闽东工作的两年多时间里，全区 100 多个乡镇他跑了 80 多个，4 个不通公路的偏僻特困乡走了 3 个，为基层解决了许多热点、难点问题，总结了一批新鲜的经验，切实推动了基层工作发展。

四、做到久久为功，生态扶贫改穷貌

习近平同志在宁德工作期间就指出："什么时候闽东的山都绿

了，什么时候闽东就富裕了。""森林是水库、钱库、粮库，这样说并不过分。"近 30 年来，宁德各级党委和政府秉承这一理念，一方面坚持把扶贫与生态、开发与保护结合起来，努力实现"百姓富"与"生态美"有机统一，让贫困人口从生态建设中得到更多实惠，真正做到"既要金山银山，又要绿水青山。"宁德在 20 世纪 80 年代全面开展环境"脏乱差旧""人畜混居"治理的基础上，于 20 世纪 90 年代，实施了"五通""五改""五化"工程，把农村环境整治与扶贫开发工作结合起来。

另一方面，努力推动"资源村"向"生态村"转变。九山半水半分田，这是对宁德生态环境的形象概括。宁德面海背山，全市陆域面积 1.35 万平方公里，90%以上是山地，森林覆盖率达 66.99%，海域面积 4.45 万平方公里，占全省的三分之五，称得上是东南沿海地区绿色资源的丰富地带。大自然对宁德格外优厚，既为城市的绿色发展提供了宝贵资源，也让宁德的林业、农业、渔业、旅游业等绿色富民产业有了起飞的跳板。

参考资料

曹文清：《聚焦高质量发展　将新时代改革开放继续推向前进》，《内蒙古日报》2018 年 12 月 29 日。

曾凡银：《扩大开放是中国高质量发展的必由之路》，《红旗文稿》2019 年第 15 期。

钞小静、惠康：《中国经济增长质量的测度》，《数量经济技术经济研究》2009 年第 6 期。

宋明顺、张霞、易荣华、朱婷婷：《经济发展质量评价体系研究及应用》，《经济学家》2015 年第 2 期。

陈志武：《量化历史研究与新知识革命——以财富差距与消费差距的历史研究为例》，《北京大学学报（哲学社会科学版）》2018 年第 4 期。

董根洪：《新发展理念是理解和化解新时代社会主要矛盾的"钥匙"》，《浙江社会科学》2019 年第 8 期。

陈飞：《区域发展的国际经验及其借鉴意义》，《合作经济与科技》2015 年第 7 期。

陈昆亭、周炎：《绿色、健康、可持续：高质量发展的必由之路》，《山东财经大学学报》2020 第 1 期。

陈曦：《创新驱动发展战略的路径选择》，《经济问题》2013 年第 3 期。

仇小敏、杨艳春：《五大发展理念：构建"人类命运共同体"的路径选择》，《江西社会科学》2017 年第 9 期。

邓子纲、贺培育：《论习近平高质量发展观的三个维度》，《湖湘论坛》2019 年第 1 期。

杜人淮：《经济高速增长转向高质量发展：路径粘性、迟滞效应和化解》，《现代经济探讨》2019 年第 4 期。

冯奎：《如何实现城乡高质量融合发展》，《新华日报》2018 年 10 月 9 日。

高芳、谢琳灿：《以高水平开放促进长江经济带高质量发展》，《中国国情国力》2020 年第 2 期。

高建昆：《论新时代对外开放体系的高质量发展》，《学术研究》2019 年第 12 期。

高秦伟：《竞争的市场与聪明的监管》，《财经法学》2016 年第 2 期。

关锋：《探索改革与开放辩证关系新境界》，《中国社会科学报》2020 年 10 月 22 日。

郝全洪：《推动高质量发展必须处理好政府和市场的关系》，《经济日报》2018 年 10 月 18 日。

郝治超、武蕊君、陈艺、尹国君、尚平：《高质量发展要求下的国库统计指标研究——基于"创新、协调、绿色、开放、共享"的发展理念》，《时代金融》2019 年第 1 期。

何立峰：《深化供给侧结构性改革推动经济高质量发展》，《学习时报》2020 年 1 月 8 日。

何强：《要素禀赋、内在约束与中国经济增长质量》，《统计研究》2014 年第 1 期。

胡鞍钢、周绍杰、鲁钰锋、地力夏提·吾布力：《重塑中国经济地理：从 1.0 版到 4.0 版》，《经济地理》2015 年第 1 期。

贾萍：《提升产业链现代化水平　推动产业转型升级》，《乌海日报》2020 年 11 月 20 日。

塞彪：《以补齐开放合作短板为突破口和牛鼻子 践行新发展理念 推动高质量发展》，《朝阳日报》2020 年 3 月 27 日。

江敦涛：《以产业赋能促高质量发展》，《经济日报》2020 年 6 月 8 日。

姜长云：《提升产业发展质量要聚焦五个着力点》，《山东经济战略研究》2020 年第 6 期。

蒋兴明：《产业转型升级内涵路径研究》，《经济问题探索》2014 年第 12 期。

金碚：《关于"高质量发展"的经济学研究》，《中国工业经济》2018 年第 4 期。

景维民、王瑶：《改革开放 40 年来中国经济增长轨迹研究——稳增长、高质量发展与混合经济结构优化》，《现代财经》2018 年第 12 期。

旷爱梅、宋勇刚：《我国改革开放四十年经济发展的历史回顾与新时代经济高质量发展的建议》，《广西科技师范学院学报》2019 年第 2 期。

郎玫、史晓姣：《创新持续到创新深化：地方政府治理创新能力构建的关键要素》，《公共行政评论》2020 年第 1 期。

李东欣：《科技创新驱动经济发展方式转变之研究》，《财经界》2020 年第 2 期。

李金昌、史龙梅、徐蔼婷：《高质量发展评价指标体系探讨》，《统计研究》2019 年第 1 期。

李力行、申广军：《经济开发区、地区比较优势与产业结构调整》，《经济学季刊》2015 年第 3 期。

李平、付一夫、张艳芳：《生产性服务业能成为中国经济高质量增长新动能吗》，《中国工业经济》2017 年第 12 期。

李实、朱梦冰：《中国经济转型 40 年中居民收入差距的变动》，

《管理世界》2018 年第 12 期。

李思敏：《制度型开放与自贸试验区金融高质量发展》，《南方金融》2019 年第 12 期。

李宪建：《"宁德模式"是中国特色扶贫开发道路的典范》，《福建省社会主义学院学报》2017 年第 3 期。

梁建伟：《共享发展理念的内涵和意义》，《广东经济》2019 年第 6 期。

刘鹤：《加快构建以国内大循环为主体、国内国际双循环相互促进的新发展格局》，《人民日报》2020 年 11 月 25 日。

刘合光：《城乡融合发展的进展、障碍与突破口》，《人民论坛》2022 年第 1 期。

刘慧：《创新和改革开放"双轮"驱动高质量发展》，《中国经济时报》2019 年 12 月 20 日。

刘磊、周梦天：《开拓绿水青山就是金山银山新境界》，《浙江经济》2020 年第 9 期。

刘尚希、王志刚、程瑜、韩晓明、施文泼：《应对高成本发展阶段的新思路：从政策驱动转向创新驱动》，《财政研究》2019 年第 12 期。

刘卫红：《经济高质量发展的时代背景与着力点》，《党政论坛》2018 年第 12 期。

刘志彪：《进一步开放市场　促进形成"两个循环"》，《企业观察家》2020 年第 8 期。

刘志彪：《理解高质量发展：基本特征、支撑要素与当前重点问题》，《学术月刊》2018 年第 7 期。

龙建辉：《有序开放：广东外向型经济的发展经验》，《广东经济》2018 年第 9 期。

律星光：《大力推动经济高质量发展　坚持开放发展　汇聚磅礴

力量》，《财经界》2019 年第 10 期。

马怀德：《政府信息公开制度的发展与完善》，《中国行政管理》2018 年第 5 期。

钱锦宇、刘学涛：《营商环境优化和高质量发展视角下的政府机构改革：功能定位及路径分析》，《西北大学学报（哲学社会科学版）》2019 年第 3 期。

渠滢：《我国政府监管转型中监管效能提升的路径探析》，《行政法学研究》2018 年第 6 期。

任保平：《新时代中国经济从高速增长转向高质量发展：理论阐释与实践取向》，《学术月刊》2018 年第 3 期。

盛来运、郑鑫、周平、李拓：《我国经济发展南北差距扩大的原因分析》，《管理世界》2018 年第 9 期。

施建刚、严华鸣：《城乡发展一体化的实施效率测评与建议》，《同济大学学报（社会科学版）》2014 年第 4 期。

宋明顺、张霞、易荣华、朱婷婷：《经济发展质量评价体系研究及应用》，《经济学家》2015 年第 2 期。

孙豪、胡志军、陈建东：《中国消费基尼系数估算及社会福利分析》，《数量经济技术经济研究》2017 年第 12 期。

孙柳：《以更高水平开放推动中国经济高质量发展》，《解放军报》2018 年 11 月 30 日。

田秋生：《高质量发展的理论内涵和实践要求》，《山东大学学报（哲学社会科学版）》2018 年第 6 期。

汪同三：《深入理解我国经济转向高质量发展》，《人民日报》2018 年 6 月 7 日。

王国华：《实现中国经济高质量发展战略目标的途径》，《经济研究参考》2018 年第 1 期。

王健、王鹏：《新一轮市场监管机构改革的特点、影响、挑战和建议》，《行政管理改革》2018 年第 7 期。

王蕾、薛杨阳：《以开放促改革：金融业高质量发展新格局》，《清华金融评论》2018 年第 12 期。

王秦：《实施创新驱动发展战略　高质量建设创新型省份》，《科技日报》2019 年 11 月 20 日。

王思琛：《新时代背景下我国高质量发展中的高质量需求研究》，西北大学 2019 年硕士论文。

王晓红：《以高水平开放推动高质量发展》，《开放导报》2020 年第 2 期。

王晓慧：《中国经济高质量发展研究》，吉林大学 2019 年博士论文。

魏敏、李书昊：《新时代中国经济高质量发展水平的测度研究》，《数量经济技术经济研究》2018 年第 11 期。

文封安、王星：《新时代城乡融合高质量发展：科学内涵、理论基础与推动路径》，《新视野》2020 第 3 期。

吴帆、李建民：《家庭发展能力建设的政策路径分析》，《人口研究》2012 年第 4 期。

向国成、李真子：《实现经济的高质量稳定发展：基于新古典经济学视角》，《社会科学》2016 年第 7 期。

徐鹏杰、杨萍：《扩大开放、全要素生产率与高质量发展》，《经济体制改革》2019 年第 1 期。

杨小军、王康：《习近平协调发展观研究》，《观察与思考》2017 年第 6 期。

杨新洪：《"五大发展理念"统计评价指标体系构建——以深圳市为例》，《调研世界》2017 年第 7 期。

余思勤、孙司琦：《贸易开放度与经济高质量发展的互动效应——基于中国与"海上丝绸之路"沿线国家的实证研究》，《河南师范大学学报（哲学社会科学版）》2020 年第 1 期。

詹新宇、崔培培：《中国省际经济增长质量的测度与评价——基于"五大发展理念"的实证分析》，《财政研究》2016 年第 8 期。

张贵：《共享发展理念下的天津高质量发展之路》，《天津日报》2021 年 1 月 25 日。

张会清：《地区营商环境对企业出口贸易的影响》，《南方经济》2017 年第 10 期。

张军扩、侯永志、刘培林、何建武、卓贤：《高质量发展的目标要求和战略路径》，《管理世界》2019 年第 7 期。

张小劲：《大数据驱动与政府治理能力提升——理论框架与模式创新》，《北京航空航天大学学报（社会科学版）》2018 年第 1 期。

赵海怡：《中国地方经济发展法治环境及其制度载体》，《西北大学学报（哲学社会科学版）》2019 年第 1 期。

赵满华：《共享发展的科学内涵及实现机制研究》，《经济问题》2016 年第 3 期。

钟韵：《坚持高质量发展，建设新时代新福建》，《海峡通讯》2018 年第 11 期。

邹丹丹：《城乡融合发展破解农村空心化——基于福建漳州县域农村的实际》，《上海农村经济》2019 年第 2 期。

刘合光：《城乡融合发展的进展、障碍与突破口》，《人民论坛》2022 年第 1 期。